イラストと
ゴロで覚える
韓国語 _{文法編}

こんぶパン

著・イラスト

はじめに

アンニョン ハ セ ヨ
안녕하세요?

こんぶパンです。「こんぶ」は韓国語で「勉強」、「パン」は「部屋」という意味で、合わせて「こんぶパン＝勉強部屋」です。

きっと、この本を手に取った方はハングルも覚えたし、単語も覚え始めたし、そろそろ文法を勉強しなくちゃな〜と思われているのではないでしょうか？

そのお手伝いをするのが本書です。本書は韓国語の文法をゴロで楽しく覚えて勉強していこう！　というものです。

昔、中学校の英語の先生が「ギブミーチョコレートって知っているでしょ？　英語の順番は、ギブ＋人＋物なのよ」と教えてくれました。

そのときの感動は、今でも記憶に残っています。英語の文法を覚えるためにその言葉を知っていたわけではないのに、すでに自分は英語の文法を知っていたのか！　という感動でした。

　この経験でわかったのは、難しい文法も「あらかじめ知っているという状態」さえ作ってしまえば、とっても早く習得できるということです。そして、それはゴロで叶うということです。ゴロは文法を理解する前に、あらかじめ知っている状態になるからです。

　本書ではTOPIK（韓国語能力試験）やハン検（「ハングル」能力検定試験）に出てくる初級・中級レベルの文法の中から、会話でよく使うものを選び出したので、試験対策のとっかかりや会話の実践にも使えます。
　最初は肩の力を抜いて、楽しく日本語と韓国語のダジャレのゴロを唱えながら覚えてみてください。
　そして、細かい文法のことは後です。ギブミーチョコレートという言葉も、ギブ＋人＋物だと理解したから言えるようになったわけではないですよね？　1つのかたまりの言葉として知っていただけです。

　楽しく覚えた後に、「へ〜、これはそういう意味だったのか」と文法の中身を理解するという作業に取り掛かって勉強してみてください。そうすれば、韓国語の文法も楽しく勉強できます！
　それでは、楽しく韓国語を覚える旅に出発〜！

もくじ

はじめに ……………………………………………………… 002

本書の見方 ………………………………………………… 010

文法の種類と作り方 …………………………………… 012

音声ダウンロード方法 ………………………………… 018

第1章 動詞・形容詞にくっつく文法

そのまま

文法001	니? 〜するの? …………………………………… 020
文法002	나요? 〜するんですか? …………………………… 022
文法003	고 있다 〜している …………………………… 024
文法004	고 싶어 〜したい ……………………………… 026
文法005	지 못해요 〜することができません、〜られません … 028
文法006	지 않아요 〜しません、〜くありません ……… 030
文法007	죠? 〜でしょう? ……………………………… 032
文法008	자 〜しよう ……………………………………… 034
文法009	잖아요 〜じゃないですか …………………… 036
文法010	지 마 〜するな、〜しないで ………………… 038
文法011	고 〜して ……………………………………… 040
文法012	는데 〜するのに、〜するけど ………………… 042
文法013	지만 〜けれど、〜が ………………………… 044
文法014	되 〜するにしても ……………………………… 046
文法015	기 때문에 〜するので、〜するから ………… 048
文法016	길래 〜するもんで、〜するので ……………… 050
文法017	도록 〜するように、〜するほど ……………… 052
文法018	거나 〜したり ………………………………… 054
文法019	고 나서 〜してから …………………………… 056

文法020	자마자 ~するやいなや	058
文法021	다가 ~していたら、~している途中で	060
文法022	기 전에 ~する前に	062
文法023	기 위해 ~するために	064
文法024	기 싫어 ~したくない	066
文法025	기 쉽다 ~しやすい	068
文法026	게 ~するように、~く、~に	070
文法027	게 되다 ~するようになる	072
文法028	던데 ~してたけど、~なんだけど	074
文法029	더라도 ~したとしても、~だとしても	076
文法030	더라고요 ~したんですよ、~だったんですよ	078
文法031	나 보다 ~するみたい、~らしい	080
文法032	겠다 ~するだろう、~そうだ	082

パッチム確認

文法033	세요/으세요 ~してください	084
文法034	니까/으니까 ~するから、~だから	086
文法035	면/으면 ~たら、~れば、~なら、~すると	088
文法036	려고/으려고 ~しようと(思う)	090
文法037	러/으러 ~しに	092
文法038	ㅂ/읍시다 ~しましょう	094
文法039	ㄹ/을 수 있다 ~することができる	096
文法040	ㄹ/을 수 없다 ~することができない	098
文法041	ㄹ/을 거야 ~するつもりだ、~だろう	100
文法042	ㄹ/을 거 같아요 ~すると思います、~だと思います	102
文法043	ㄹ/을까? ~しようか?、~かな?	104
文法044	ㄹ/을래? ~する?	106
文法045	ㄹ/을게요 ~しますから	108
文法046	ㄹ/을지도 몰라요 ~するかもしれません	110
文法047	ㄹ/을 때 ~するとき、~なとき	112
文法048	ㄹ/을까 봐 ~するかと思って、~だと思って	114

文法049	ㄹ/을까 말까
	〜しようかしまいか、〜しようかやめようか ············· 116

文法050	ㄹ/을 텐데 〜だろうに、〜はずなのに ··············· 118

文法051	ㄹ/을걸 〜すると思うよ、〜だと思うよ ··············· 120

文法052	ㄹ/을 바에야
	〜するからには、〜するくらいなら ···················· 122

文法053	ㄹ/을 만해 〜する価値がある、〜するに値する ··············· 124

文法054	ㄹ/을 뿐 〜するだけ、〜するのみ ··············· 126

文法055	ㄴ/은 후에 〜した後に、〜した後で ··············· 128

文法056	ㄴ/은 채로 〜したままで ··············· 130

文法057	ㄴ/은 것 같고 〜したみたいだし ··············· 132

文法058	ㄴ/은 탓에 〜したせいで ··············· 134

文法059	ㄴ/은 김에 〜したついでに ··············· 136

文法060	ㄴ/은지 〜してから ··············· 138

文法061	ㄴ/은지 〜いのか、〜なのか ··············· 140

文法062	ㄴ/은 〜い+名詞、〜な+名詞 ··············· 142

文法063	ㅂ/습니다 〜ます、〜です ··············· 144

文法064	ㄴ/는다 〜んだ、〜する ··············· 146

文法065	ㄴ/는대 〜だって、〜ですって ··············· 148

文法066	ㄴ/는다 치고 〜するとして ··············· 150

母音確認

文法067	아/어요 〜ます、〜です ··············· 152

文法068	안 〜 아/어요 〜しません、〜くありません ··············· 154

文法069	못 〜 아/어요 〜られません、〜することができません ····· 156

文法070	아/어 있다 〜している ··············· 158

文法071	아/어서 〜して ··············· 160

文法072	아/어 가지고 〜して ··············· 162

文法073	아/어서 그런지
	〜したからなのか、〜しているからなのか ············· 164

文法074	았/었다 〜した ··············· 166

文法075	았/었더니 〜したところ ··············· 168

文法076	아/어야 〜してこそ ··············· 170

文法077	아/어야 돼 ～しなければならない、～でなければならない ‥‥172
文法078	아/어야겠다 ～しなきゃ ‥‥‥‥‥‥‥‥‥‥‥‥174
文法079	아/어도 ～しても ‥‥‥‥‥‥‥‥‥‥‥‥‥‥176
文法080	아/어도 돼요 ～してもいいです ‥‥‥‥‥‥‥‥178
文法081	아/어라 ～しろ ‥‥‥‥‥‥‥‥‥‥‥‥‥‥‥180
文法082	아/어 보다 ～してみる ‥‥‥‥‥‥‥‥‥‥‥‥182
文法083	아/어 봐 ～してごらん ‥‥‥‥‥‥‥‥‥‥‥‥184
文法084	아/어 봤자 ～してみたところで、～と言ったところで‥‥‥186
文法085	아/어 본 적이 있다 ～してみたことがある ‥‥‥‥188
文法086	아/어 놔 ～しておいて ‥‥‥‥‥‥‥‥‥‥‥‥190
文法087	아/어 주다 ～してあげる、～してくれる ‥‥‥‥‥192
文法088	아/어 드리다 ～してさしあげる ‥‥‥‥‥‥‥‥194
文法089	아/어 주세요 ～してください ‥‥‥‥‥‥‥‥‥196
文法090	아/어 버리다 ～してしまう ‥‥‥‥‥‥‥‥‥‥198
文法091	아/어 보여요 ～のように見えます、～そうに見えます ‥‥200
文法092	아/어지다 ～くなる、～になる ‥‥‥‥‥‥‥‥‥202
文法093	아/어하다 ～がる ‥‥‥‥‥‥‥‥‥‥‥‥‥‥204

第2章 名詞 にくっつく文法

文法094	입니다 ～です ‥‥‥‥‥‥‥‥‥‥‥‥‥‥‥‥208
文法095	예요/이에요 ～です ‥‥‥‥‥‥‥‥‥‥‥‥‥210
文法096	야/이야 ～だよ ‥‥‥‥‥‥‥‥‥‥‥‥‥‥‥212
文法097	가/이 아니야 ～じゃないよ ‥‥‥‥‥‥‥‥‥‥214
文法098	고/이고 ～で ‥‥‥‥‥‥‥‥‥‥‥‥‥‥‥‥216
文法099	다/이다 ～だ、～である ‥‥‥‥‥‥‥‥‥‥‥218
文法100	였다/이었다 ～だった ‥‥‥‥‥‥‥‥‥‥‥‥220
文法101	겠다/이겠다 ～だろう ‥‥‥‥‥‥‥‥‥‥‥‥222
文法102	면/이면 ～なら ‥‥‥‥‥‥‥‥‥‥‥‥‥‥‥224
文法103	는/은 ～は ‥‥‥‥‥‥‥‥‥‥‥‥‥‥‥‥‥226
文法104	가/이 ～が ‥‥‥‥‥‥‥‥‥‥‥‥‥‥‥‥‥227

文法105	를/을 ～を	228
文法106	로/으로 ～で	229
文法107	로/으로 ～へ	230
文法108	랑/이랑 ～と	231
文法109	나/이나 ～や	232
文法110	라도/이라도 ～でも	233
文法111	한테 ～に	234
文法112	한테서 ～から	235
文法113	에 ～に	236
文法114	에서 ～で	237
文法115	에서 ～から	238
文法116	부터 ～から	239
文法117	까지 ～まで	240
文法118	만 ～だけ	241
文法119	밖에 ～しか	242
文法120	도 ～も	243
文法121	의 ～の	244
文法122	보다 ～より	245

第3章 副詞・接続詞

文法123	항상 いつも、常に	248
文法124	늘 ずっと、いつも	249
文法125	가끔 時々、たまに	250
文法126	종종 時々、しばしば	251
文法127	방금 たった今、ついさっき	252
文法128	금방 すぐに、まもなく	253
文法129	이따 後で、のちほど	254
文法130	나중에 後で、後日、今度	255
文法131	많이 たくさん、とても	256
文法132	엄청 めっちゃ、すごく	257

文法133	전혀	全然、全く	258
文法134	아예	全く、そもそも最初から	259
文法135	거의	ほとんど、ほぼ	260
文法136	대부분	ほとんど、大半	261
文法137	이미	もう、すでに	262
文法138	벌써	すでに、もう、とっくに	263
文法139	우선	まず、とりあえず	264
文法140	먼저	先に	265
文法141	더	もっと、より多く	266
文法142	덜	少なめに、より少なく	267
文法143	계속	ずっと	268
文法144	쭉	ずっと、まっすぐ	269
文法145	오래	長い間、長らく	270
文法146	잠깐	ちょっと、少々、しばらく	271
文法147	또	また、さらに	272
文法148	다시	もう一度、また、改めて	273
文法149	만약에	もし	274
文法150	혹시	ひょっとして	275
文法151	딱	ちょうど、ぴったり	276
文法152	대충	だいたい、適当に	277
文法153	미리	前もって、あらかじめ	278
文法154	아직	まだ	279
文法155	근데	でも	280
文法156	하지만	だけど	281
文法157	그래서	それで	282
文法158	그리고	そして	283
文法159	그러니까	だから	284
文法160	그러면	それなら、それでは	285

おわりに 286

[Staff] ブックデザイン／チコルズ　校正／(株)アル　DTP／ニッタプリントサービス
音声収録／ELEC　ナレーター／うにょん

本書の見方

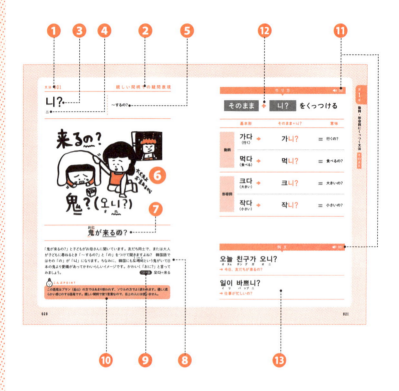

※発音表記やゴロ、単語・文法の意味、例文の和訳は、通じやすさ、覚えやすさを重視しています。そのため一般の表記とは異なる場合があります。

❶ 文法番号

❷ 文法の概念…文法を使うシーンの説明です。

❸ 文法…覚える文法です。

❹ 発音…覚えやすいようカタカナ読みにしたものです。連音・鼻音化など文のつながりによって変化をするので、こちらはあくまでも目安とし、正しい発音は音声を参考にしてください。

❺ 意味…覚える文法の和訳です。

❻ イラスト…ゴロが頭に入るようイメージを描きました。

❼ ゴロ…リズムに乗せて、韓国語と日本語を覚えてください。

● **マーカー（文法）**…ピンクがハングル、グレーが日本語でそれぞれ対応しています。

● **下線（単語）**…文法と一緒に覚えられる単語です。ピンクがハングル、グレーが日本語でそれぞれ対応しています（第1章のみ）。

❽ 説明…ゴロの内容を説明しています。

❾ つい単…このゴロでついでに覚えられる動詞・形容詞の単語の基本形です（第1章のみ）。

❿ こんぶPOINT…例外ルールや、韓国での使われ方などを説明しています。

⓫ 音声トラック番号です。

⓬ 活用例（音声あり）…語尾の活用のしくみになります。音声を聞いて発音してみましょう。

⓭ 例文と和訳（音声あり）…簡単な使い方です。

文法の種類と作り方

韓国語の文法って?

　韓国語の文法とは何でしょうか?
　韓国語の文法というのは、日本語でいえば「行く」と「ます」を「行きます」という風に、きれいにくっつける方法のことです。「ます」以外にも「行く**ぞ**」「行き**たい**」「行っ**て**」など様々な言葉をくっつける方法のことです。

　韓国語は日本語と語順がほぼ同じなので、単語さえ並べれば伝えたいことはある程度伝わるでしょう。
　たとえば「私は韓国に行きます」は、辞書で調べると「私(**저**)・は(**는**)・韓国(**한국**)・に(**에**)・行く(**가다**)・ます(**습니다**)」と出てくるので、これらを並べれば通じるでしょう。
　ただ日本語の「行**く**ます」は正しくは「行**き**ます」ですよね。韓国語も全く同じで、「**가다습니다**」ではきれいにつながってはいません。「**갑니다**」という形にして初めて、日本語の「行きます」にあたる言葉になります。おそらく、意味は汲み取ってくれますが、日本人が「行**く**ます」と聞いたときに感じる違和感を、韓国人も感じることでしょう。

　韓国語でこのくっつけ方がうまくいかないのは、とくに動詞や形容詞で発生します。
　そこで、本書では第1章の動詞や形容詞に「ます」や「です」などをどうやってきれいにくっつけるのかを重点的に紹介します。そして、

第2章の名詞にくっつける方法についても簡単に押さえておきます。第3章の副詞や接続詞は何かとくっつける必要はないので、そのまま使ってください。

動詞と形容詞の見分け方

ところで、動詞や形容詞、名詞、副詞、接続詞などと簡単に言いましたが、たくさんの単語の中からこれらをきちんと見分けることができますか？

韓国語の文法を勉強するとき、こんなにたくさん品詞を見分ける必要はありませんが、本書で扱っている動詞と形容詞についてはしっかり見分けられるようになりましょう。

日本人ならきっとできる、簡単な見分け方をここで紹介します。まずは次の表を見てください。

動詞	食べるます、見るます	「ます」がつく
形容詞	小さい、大きい 静かな、にぎやかな	「い」で終わる 「な」がつく
名詞	それ以外	

動詞は辞書に載っている形に「ます」がつけられれば動詞です。形容詞は辞書に載っている形の最後の文字が「い」の単語です。そして、形容詞はもう1つあります。辞書に載っている単語に「～な人」「～な場所」などの「～な」をつけられる単語です。

それ以外はまずは名詞だと思ってください。文章の核になるのは動

詞、形容詞、名詞なのでこれで十分です。副詞と接続詞は第3章を眺めて何となく雰囲気を感じるだけで大丈夫です。

ただ、日本語では形容詞なのに韓国語では動詞というような例外もあるので、100％イコールでないことは頭の片隅に置いておいてくださいね。

韓国語の文法は3種類

韓国語の文法とは「行く」と「ます」を「行きます」ときれいにくっつけることだと言いましたが、そのくっつけ方は3種類あります。

たとえば、紙に何かをくっつけるとき、糊でくっつけるのか、テープでくっつけるのか、ボンドでくっつけるのか、というくっつけ方の種類が3種類あるということです。

なぜなら、紙と紙であれば糊が一番ですが、紙と段ボールであればテープ、紙と木であればボンドというように、何をくっつけるかによって接着剤を変える必要があるからです。

まず、くっつける前の下準備として、韓国語の動詞と形容詞は必ず「다」で終わるのですが、この「다」は海苔巻きの端のように切り落としてください。

❶「そのまま」くっつける

1つめのくっつけ方は、そのままくっつけるだけです。「다」を切り落とした残りの部分に第1章のP20からP83の語尾をくっつけてください。これはある意味、接着剤いらずのくっつけ方です。

このくっつけ方のみ存在するのだったら、韓国語の文法は最高に簡単なものだったのですが、他に2つのくっつけ方があります。

❷「パッチム確認」して、くっつける

2つ目のくっつけ方は、まず切り落とした「다」の前の文字に、パッチムがあるかないか確認します。パッチムがなければ으から始まらない語尾を、パッチムがあれば으から始まる語尾をくっつけます。

このくっつけ方は으が接着剤の役割をしています。パッチムがない場合は①の「そのまま」と同じくっつけ方になります。本文で「ㄹ/을까?」となっていれば、ㄹ까?か을까?をくっつけるという意味になります。P84からP151がそれにあたります。

※오ㄹ까?は올까?になります。

❸「母音確認」して、くっつける

3つ目のくっつけ方は、切り落とした「다」の前の文字の母音を確認します。その母音がㅏかㅗなら아から始まる語尾をくっつけます。ㅏかㅗ以外の母音なら어から始まる語尾をくっつけます。

このくっつけ方は아と어が接着剤の役割をしています。

このとき、本文で「아/어요」となっていれば、아요か어요をくっつけるという意味になります。

このくっつけ方で、第1章のP152からP205の語尾をくっつけることができます。

名詞に語尾をくっつける方法

第2章からの名詞は、動詞や形容詞とは全く別物と考えてください。P208からP233の語尾は、名詞の最後の文字にパッチムがあるかないかを見ます。

パッチムがなければ左の語尾をくっつけ、パッチムがあれば右の語尾をくっつけます。

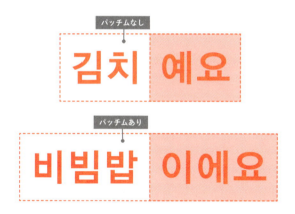

本書では、**김치**（キムチ）がパッチムなしの代表として、**비빔밥**（ビビンバ）がパッチムありの代表として登場します。

P234からP205はパッチムに関係なく、そのままくっつけることができます。

017

音声ダウンロード方法

本書で取り上げた文法の活用と例文を韓国語で聞くことができます。

❶ パソコンで音声データをダウンロードする場合

記載されている注意事項をよくお読みになり、ダウンロードページへお進みください。

https://www.kadokawa.co.jp/product/322407000016/

ユーザー名 konbupan3　**パスワード** goroben-3

注意事項

- ダウンロードはパソコンからのみとなります。携帯電話・スマートフォンからはダウンロードできません。
- 音声はmp3形式で保存されています。お聞きいただくにはmp3ファイルを再生できる環境が必要です。
- ダウンロードページへのアクセスがうまくいかない場合は、お使いのブラウザが最新であるかどうかご確認ください。また、ダウンロードする前にパソコンに十分な空き容量があることをご確認ください。
- フォルダは圧縮されていますので、解凍したうえでご利用ください。
- 音声はパソコンでの再生を推奨します。一部ポータブルプレイヤーにデータを転送できない場合もございます。
- なお、本サービスは予告なく終了する場合がございます。あらかじめご了承ください。

❷ スマートフォンで音声データを聴く場合

ご利用の場合は下記二次元バーコードまたはURLより、スマートフォンにabceedアプリ（無料）をダウンロードし、本書を検索してください。

※ abceedは株式会社Globeeのサービスです。

https://abceed.com/

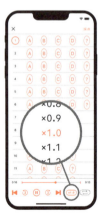

第 1 章

動詞・形容詞

にくっつく文法

そのまま

パッチム確認

母音確認

文法 **001** 　　　　　　　　　　　親しい間柄での疑問表現

니?
ニ

～するの?

鬼が来るの?

「鬼が来るの?」と子どもがお母さんに聞いています。友だち同士で、または大人が子どもに尋ねるとき「～するの?」と「の」をつけて聞きますよね? 韓国語ではその「の」が「니」になります。ちなみに、韓国にも도깨비(トッケビ)という鬼がいて日本の鬼より愛嬌があってかわいらしいイメージです。かわいく「おに?」と言ってみましょう。

つい単 오다=来る

 こんぶPOINT

この語尾はプサン(釜山)の方ではあまり使われず、ソウルの方でよく使われます。優しく柔らかい感じのする語尾です。親しい間柄で使う言葉なので、目上の人には使いません。

作り方　🔊 001

そのまま ＋ 니? をくっつける

	基本形	そのまま+니?		意味
動詞	가다 （行く） ➡	가니?	≡	行くの?
	먹다 （食べる） ➡	먹니?	≡	食べるの?
形容詞	크다 （大きい） ➡	크니?	≡	大きいの?
	작다 （小さい） ➡	작니?	≡	小さいの?

例文　🔊 001

오늘 친구가 오니?
オ ヌル　チン グ ガ　オ ニ
➡ 今日、友だちが来るの?

일이 바쁘니?
イ リ　パッ プ ニ
➡ 仕事が忙しいの?

第1章　動詞・形容詞にくっつく文法　そのまま

021

文法 002　　　　　　　　　　　　丁寧で柔らかい疑問表現

나요?
ナヨ　　　　　　　　　～するんですか？

どこに行くんですか？　ガーナよ

韓国の空港で出会った人に「どこに行くんですか？」と聞くと「ガーナよ」と言われました。韓国人はコーヒーが大好きで、豆を直接買ってくる人もきっといるはず。イラストのように初めて会った人などに、丁寧に柔らかく質問したいときによく使います。ちなみに「ガーナに行くんですか？」は「가나에 가나요?」です。

つい単　가다=行く

 こんぶPOINT

文法的に正しくは形容詞には나요?ではなく、パッチム確認+ㄴ가요?/은가요?を使います。ただ、実際の会話では形容詞にも나요?を使うことが多く、間違いとは言い切れない表現です。

作り方　🔊 002

そのまま ＋ 나요? をくっつける

基本形		そのまま+나요		意味
사다 （買う）	➡	사나요?	＝	買うんですか？
보다 （見る）	➡	보나요?	＝	見るんですか？
입다 （着る）	➡	입나요?	＝	着るんですか？
말하다 （言う）	➡	말하나요?	＝	言うんですか？
알다 （知る）	➡	아나요?※	＝	知っているんですか？

※다の前がㄹパッチムの単語はㄴの前でㄹが脱落します。

例文　🔊 002

누구랑 만나나요?
ヌ　グ　ラン　マン ナ ナ ヨ
➡ 誰と会うんですか？

점심은 언제 먹나요?
チョム シ ムン　オン ジェ　モン ナ ヨ
➡ お昼ご飯はいつ食べるんですか？

第1章 動詞・形容詞にくっつく文法 そのまま

023

文法 003　　　　　　　　　　　　　　　現在進行形

고 있다
ゴ イッタ

〜している

羽子板をしている
(は ご いた)

韓国では日本文化を体験するイベントがよくあり、羽子板もあります。それを見かけた日本人が「あ！　羽子板をしている！」と立ち止まりました。こんなときは、現在進行形の고 있다を使いましょう。日本でもあまりやったことも見たこともなかった羽子板を韓国で見ている不思議。他にもけん玉やダルマ落とし、福笑いなどがあります。

つい単　하다＝する

 こんぶPOINT

形容詞には使えません。今まさに行動をしているというときに고 있다を使い、「生きている＝살아 있다」や「座っている＝앉아 있다」など状態の持続には아/어 있다で表します（P158）。

作り方　🔊 003

そのまま	**+**	고 있다 をくっつける

基本形	そのまま+고 있다	意味
지내다 （過ごす） ➡	지내**고 있다**	＝ 過ごしている
자르다 （切る） ➡	자르**고 있다**	＝ 切っている
외우다 （覚える） ➡	외우**고 있다**	＝ 覚えている
오르다 （上がる） ➡	오르**고 있다**	＝ 上がっている
살다 （住む） ➡	살**고 있다**	＝ 住んでいる

例文　🔊 003

지금 가고 있다.
チ グ ム　カ ゴ　イ ッ タ
➡ 今行っている（向かっている）。

지금 밥 먹고 있어요.
チ グ ム　パ ム　モ ク コ　イ ッ ソ ヨ
➡ 今、ご飯食べています。

第1章　動詞・形容詞にくっつく文法　そのまま

025

文法 004　　　　　　　　　　　　　　　　　　願望、希望

고 싶어
ゴ シポ

〜したい

子ネコシッポを取り出したい

新人のマジシャンが舞台の上で、何かを取り出したいようです。本当ならポケットから子ネコのシッポが出てきて、「ネコの登場！」となるところが出ないようです。子ネコのシッポ、お願い〜！　こんなマジシャンの切実な願いですが、願望や希望は고 싶어で表すことができます。丁寧に言うときは「고 싶어요＝〜したいです」です。

つい単　꺼내다＝取り出す

 こんぶPOINT

動詞のみで形容詞には使えません。고 싶어の고の発音は、고の前にパッチムがなければ、ゴと濁ります。パッチムがある場合はコですが、ㄹとㅇパッチムのときのみゴと濁ります。

作り方　　🔊 004

| そのまま | **＋** | 고 싶어 | をくっつける |

基本形	そのまま+고 싶어	意味
이기다 （勝つ） ➡	이기고 싶어	＝ 勝ちたい
타다 （乗る） ➡	타고 싶어	＝ 乗りたい
키우다 （育てる） ➡	키우고 싶어	＝ 育てたい
팔다 （売る） ➡	팔고 싶어	＝ 売りたい
울다 （泣く） ➡	울고 싶어	＝ 泣きたい

例文　　🔊 004

나도 같이 가고 싶어.
ナド　カチ　カゴ　シポ
➡ 私も一緒に行きたい。

고양이를 키우고 싶어요.
コ ヤン イ ルル　キ ウ ゴ　シ ポ ヨ
➡ ネコを飼いたいです。

第1章　動詞・形容詞にくっつく文法　そのまま

027

文法 005　　　　　　　　　　　　　　　　　　　不可能（後置型）

지 못해요
ジ モテヨ

| 〜することができません、〜られません

おじ、モテモテよ。だから来られません

家で親戚のおじさんを待っているのですが、おじさんは有名人で人気者です。モテモテでなかなか家に来られない状況です。モテモテだとできないことが多いですよね。못というのは英語でいえばcan'tの意味で不可能なときに使われます。形容詞は単語によって使われることもありますが、基本は動詞にだけ使います。

つい単　**오다**=来る

 こんぶPOINT

韓国語の不可能の表現には못を使いますが、動詞より後ろに못をもってくる後置型（**〜지 못해요**）と、動詞より前に못をもってくる前置型（**못 〜아/어요**）があります(P156)。

作り方　🔊 005

| そのまま | **+** | 지 못해요 | をくっつける |

基本形		そのまま+지 못해요		意味
세다 (数える)	➡	세**지 못해요**	=	数えることが できません
삼키다 (飲み込む)	➡	삼키**지 못해요**	=	飲み込むことが できません
놀다 (遊ぶ)	➡	놀**지 못해요**	=	遊ぶことが できません
열다 (開ける)	➡	열**지 못해요**	=	開けることが できません
날다 (飛ぶ)	➡	날**지 못해요**	=	飛ぶことが できません

例文　🔊 005

티켓이 없으면 들어가지 못해요.
ティ ケシ オプ スミョン トゥ ロ ガ ジ モ テ ヨ
➡ チケットがないと入ることができません。

그때 그 순간을 잊지 못해요.
クッテ ク スン ガ ヌル イッ チ モ テ ヨ
➡ あのとき、あの瞬間を忘れることができません。

文法 006　　　　　　　　　　　　　否定形（後置型）

지 않아요

ジ アナヨ

〜しません、〜くありません

おじ、穴よ。だから来ません

あまりにモテモテのおじさんは、とうとう家の裏にある穴に隠れてしまいました。女の子たちに、おじは穴に入ったから、もう来ないのよと説明しています。自分から穴に入っていくというのは、しないという意思表示ですよね。못がcan'tなら、않はdon'tの意味です。できないのではなく、しないという意味です。

つい単　오다=来る

こんぶPOINT

韓国語の否定の表現には動詞・形容詞より後ろに않をもってくる後置型（〜지 않아요）と、動詞・形容詞より前に안をもってくる前置型（안 〜아/어요）があります（P154）。

作り方	◀) 006

そのまま ＋ 지 않아요 をくっつける

	基本形	そのまま+지 않아요	意味
動詞	쓰다 (書く)	→ 쓰지 않아요	＝ 書きません
	그만두다 (辞める)	→ 그만두지 않아요	＝ 辞めません
形容詞	바쁘다 (忙しい)	→ 바쁘지 않아요	＝ 忙しく ありません
	무섭다 (怖い)	→ 무섭지 않아요	＝ 怖く ありません

例 文	◀) 006

여기서 그렇게 멀지 않아요.
ヨ ギ ソ ク ロ ケ モル ジ ア ナ ヨ

→ ここからそんなに遠くありません。

말이 통하지 않아요.
マ リ トン ハ ジ ア ナ ヨ

→ 言葉が通じません。

031

文法 007　　　　　　　　　相手へ確認や同意を求める表現

죠?
ジョ

〜でしょう?

お嬢(じょう)は来るでしょう?

彼氏がレストランを予約して待っているのですが、彼女であるお嬢はまだ来ていません。どうも、自分勝手な彼女のようでお嬢と呼んでいるようです。こんなお嬢の行動は常に確認しないといけませんよね。죠?というのは相手に確認したり同意を求めたりするときに使う表現です。もとは지요?という形で、これが短縮されて죠?です。

つい単　오다=来る

こんぶPOINT

友だちや年下に対しては지?だけで使います。죠?や지?は韓国人がよく使う語尾のうちの1つで、街の中でもよく聞こえてきます。「죠?♪」と語尾を少し上げて発音すればバッチリ!

作り方　　　🔊 007

| そのまま | **+** | 죠？ | をくっつける |

	基本形	そのまま+죠？	意味
動詞	모르다 （知らない） →	모르**죠？** =	知らない でしょう？
	알다 （知る） →	알**죠？** =	知っている でしょう？
形容詞	비싸다 （(値段が)高い） →	비싸**죠？** =	高い でしょう？
	강하다 （強い） →	강하**죠？** =	強い でしょう？

例文　　　🔊 007

이 옷 정말 예쁘죠?
イ　オッ　チョンマル　イェップ　ジョ

→ この服本当にかわいいでしょう？

이거 맞죠?
イ　ゴ　マッチョ

→ これ合っているでしょう？

第1章　動詞・形容詞にくっつく文法　そのまま

033

文法 008　　　　　　　　　親しい間柄での勧誘

자
ジャ

〜しよう

パールじゃ、売ろう！

浦島太郎が竜宮城に行って、もらってきた玉手箱を開けると、中から白い煙が出てきておじいさんに……。でも、パールも出てきて思わず「パールじゃ」と叫んでしまいました。韓国語では「売ろう」という意味です。おじいさんになった浦島太郎は、せっかくのお土産を売ろうとしています。자は親しい間で使う勧誘の意味です。

つい単　팔다=売る

 こんぶPOINT

動詞に使い、形容詞には使えません。目上の人に「売りましょう」というときは、팔아요といって아/어요(P152)を使います。아/어요は「〜ます」と「〜ましょう」の意味があります。

034

| 作り方 | ◀) 008 |

| そのまま | | 자 | をくっつける |

基本形	そのまま+자	意味
지키다 (守る)	지키자	= 守ろう
주다 (あげる)	주자	= あげよう
숨다 (隠れる)	숨자	= 隠れよう
참다 (我慢する)	참자	= 我慢しよう
헤어지다 (別れる)	헤어지자	= 別れよう

| 例文 | ◀) 008 |

내일 또 보자.
ネイル ト ポジャ
➜ 明日また会おう。

사진 같이 찍자.
サジン カチ チゥチャ
➜ 写真一緒に撮ろう。

035

文法 009　　　　　　　　　　　　　　　　　　　　　　　確認

잖아요
ジャナヨ　　　　　　〜じゃないですか

社長はサラン派じゃないですか！
社員を愛してるじゃないですか！

会社で女性社員が社長愛をいつも感じているのか「社長はいつもサラン（愛）派じゃないですか！」「社員を愛してるじゃないですか！」と言っています。**잖아요**は日本語で「〜じゃないですか」という語尾で、相手に確認するときに使います。日本語と発音がとても似ているので覚えやすいですね。使う場面もほぼ同じです。

つい単 사랑하다＝愛する

こんぶPOINT

動詞も形容詞も**잖아요**をくっつけるだけで、「じゃないですか」という語尾になります。語尾を少し上げて「**잖아요？**↗」というと、疑問形の語尾になります。

作り方 ◀» 009

| そのまま | + | 잖아요 | をくっつける |

	基本形	そのまま+잖아요	意味
動詞	보이다 (見える) ➡	보이잖아요	= 見えるじゃないですか
	알다 (知る) ➡	알잖아요	= 知っているじゃないですか
形容詞	시다 (酸っぱい) ➡	시잖아요	= 酸っぱいじゃないですか
	좁다 (狭い) ➡	좁잖아요	= 狭いじゃないですか

例文 ◀» 009

내일 쉬잖아요. 우리 같이 어디 갈까요?
ネ イル シュィジャ ナ ヨ ウ リ カ チ オ ディ カル カ ヨ
➜ 明日休むじゃないですか。私たち一緒にどこか行きましょうか?

짐이 무겁잖아요. 공항까지 택시 타고 가요.
チ ミ ム ゴプ チャ ナ ヨ コン ハン カ ジ テク シ タ ゴ カ ヨ
➜ 荷物が重いじゃないですか。空港までタクシー (に)乗って行きましょう。

文法 010　　　　　　　　　　　　　　　　　　　　　　　　　　禁止

지 마
ジマ

～するな、～しないで

蚊島(かじま)に行くな!

蚊がたくさんいる島、蚊島に彼女が一人で行こうとしています。どうもリゾート地と勘違いしているようです。彼氏はあそこは蚊島だから行くなと、必死に止めています。**지 마**というのは行動を禁止する意味です。彼氏のように彼女の行動を制止するときに使います。丁寧に言うときは「**지 마세요**=～しないでください」と言います。

つい単　**가다**=行く

 こんぶPOINT

지 마は行動を禁止する意味なので、基本的には動詞に使います。ただ、まれに形容詞にも使われます。**지 마**の発音は**지**の前が**ㄹ**と**ㅇ**以外のパッチムのときは発音が[찌마]になります。

038

| 作り方 | ◀ 010 |

そのまま ＋ 지 마 をくっつける

基本形	そのまま+지 마	意味
만지다 （触る） →	만지**지 마**	＝ 触るな
당기다 （引っ張る） →	당기**지 마**	＝ 引っ張るな
떠나다 （去る） →	떠나**지 마**	＝ 去るな
멈추다 （止まる） →	멈추**지 마**	＝ 止まるな
밀다 （押す） →	밀**지 마**	＝ 押すな

| 例 文 | ◀ 010 |

여기 상품은 만지지 마.
ヨ ギ サン プ ムン マン ジ ジ マ
→ ここの商品は触るな。

날 따라하지 마.
ナル タ ラ ハ ジ マ
→ 私のマネするな。

文法 011　　２つの事項の羅列、時間の羅列

고
ゴ

〜して

履いて進行

男の子が靴を履いて、「出発進行〜！」と家を出ていこうとしています。고というのは２つの出来事を並べるときに使います。①まずは靴を履く、②そして出発進行する、というふうに２つを１つの文章にするときに고でつなぎます。そのとき、①と②は単純に並べられるときと、時間の順番で並べられるときがあります。

つい単　신다＝履く

こんぶPOINT

고の発音は고の前にパッチムがなければゴと濁り、ㄹとㅇパッチム以外のときに発音は[꼬]と濃音になります。ソウルの方では고を구ということもあり、구はかわいい印象を与える語感です。

作り方

| そのまま | + | 고 | をくっつける |

	基本形	そのまま+고	意味
動詞	보내다 (送る) →	보내고	= 送って
	믿다 (信じる) →	믿고	= 信じて
形容詞	쓰다 (苦い) →	쓰고	= 苦くて
	달다 (甘い) →	달고	= 甘くて

例文

서울에서 삼계탕을 먹고 전통차도 마셨어요.
ソウレソ サム ゲ タン ウル モク コ チョントン チャ ド マ ショッソ ヨ
→ ソウルでサムゲタンを食べて、伝統茶も飲みました。

친구는 예쁘고 키도 커요.
チン グ ヌン イェップ ゴ キ ド コ ヨ
→ 友だちはきれいで、背も高いです。

041

文法 012　　　　　　　　　　　　　　　　　　　　　　逆接

는데
ヌンデ

〜するのに、〜するけど

僕はカヌーで行くのに、彼女はバスで行く

デートで彼氏はカヌーに乗ろうと準備をしていましたが、彼女は面倒くさくてバスで目的地まで行くとのこと。僕はカヌーで行くのに、彼女はバスで行く……。**는데**というのは「〜するのに」「〜するけど」という、逆接の意味で使われます。似た意味で**지만**もあり（P44）、言い換えも可能ですが、**는데**の方が柔らかい印象を与えるので会話でよく使われます。

つい単　**가다**=行く

こんぶPOINT

는데は動詞で使います。形容詞で同じような意味にするためには、パッチム確認+**ㄴ/은데**を使います。たとえば「高いけどおいしい＝**비싼데 맛있어**」というふうになります。

作 り 方 ◀) 012

| そのまま | + | 는데 | をくっつける |

基本形	そのまま+는데	意味
다니다 （通う） →	다니는데	＝ 通うのに
나누다 （分ける） →	나누는데	＝ 分けるのに
웃다 （笑う） →	웃는데	＝ 笑うのに
듣다 （聞く） →	듣는데	＝ 聞くのに
만들다 （作る） →	만드는데※	＝ 作るのに

※다の前がㄹパッチムの単語はㄴの前でㄹが脱落します。

例 文 ◀) 012

맥주는 마시는데 소주는 안 마셔요.
メクチュヌン　マ シ ヌン デ　ソ ジュヌン　アン　マ ショ ヨ
➡ ビールは飲むけど、焼酎は飲みません。

신문은 보는데 티비는 안 봐요.
シン ム ヌン　ポ ヌン デ　ティ ビ ヌン　アン　ボァ ヨ
➡ 新聞は見ますが、テレビは見ません。

第1章　動詞・形容詞にくっつく文法　そのまま

文法 013　　　　　　　　　　　　　　　　　　　　　　逆接

지만
ジマン　　　　　　　～けれど、～が

付き合っているけれど、詐欺自慢

付き合っている彼氏の自慢話をしています。でも、よく聞いてみるとそれって詐欺なんじゃ……。詐欺なのに自慢するなんてどうしたんでしょう。**지만**というのは前で言っていることと対照的なことを、後ろで言うという逆接の意味です。会話でもよく使われるので、前後の話が逆の意味のときに使ってみましょう。

つい単　**사귀다**＝付き合う

 こんぶPOINT

지만は動詞にも形容詞にも使えます。**지만**の前にパッチムがくると[찌만]という発音になります。ただ、ㄹパッチムとㅇパッチムのときは濃音になりません。

作り方　　　　　　　　　　◀)） 013

| そのまま | **+** | 지만 | をくっつける |

	基本形	そのまま+지만	意味
動詞	싸우다 （ケンカする）	➡ 싸우지만	＝ ケンカするけど
	믿다 （信じる）	➡ 믿지만	＝ 信じるけど
形容詞	나쁘다 （悪い）	➡ 나쁘지만	＝ 悪いけど
	싱겁다 （味が薄い）	➡ 싱겁지만	＝ 味が薄いけど

例文　　　　　　　　　　◀)） 013

떡볶이는 맵지만 맛있어요.
トゥ ポ ッキ ヌン　メプ チ マン　マ シッ ソ　ヨ
➡ トッポギは辛いけどおいしいです。

시간은 걸리지만 지하철을 타고 가요.
シ ガ ヌン　コル リ ジ マン　チ ハ チョルル　タ ゴ　カ ヨ
➡ 時間はかかるけど、地下鉄に乗って行きましょう。

文法 014　　　　　　　　　　　　　　　　　　　　許容と制限

되
ドェ

〜するにしても

帰るにしてもトラが出るので注意

遅くに学校が終わって家に帰ろうとしています。でも、先生は帰ってもいいけれど、トラが出るので注意して帰るようにと言いました。되は「〜するにしても」という意味で、前文の行動は許可しているけれど、後文で条件を付け加える文章です。少し硬い言い方ですが、ルールや決まりをきちんと話すときによく使います。

つい単　돌아가다=帰る

 こんぶPOINT

形容詞には使えません。되の代わりに「아/어도 되지만=〜してもいいけど」と言い換えも可能です。되の発音はドェですが、ㄹとㅇ以外のパッチムがあるときは[퇴(トェ)]です。

作り方 ◀) 014

| そのまま | + | 되 | をくっつける |

基本形	そのまま+되	意味
가다 (行く) →	가되	≡ 行くにしても
쉬다 (休む) →	쉬되	≡ 休むにしても
공개하다 (公開する) →	공개하되	≡ 公開するにしても
먹다 (食べる) →	먹되	≡ 食べるにしても
따라하다 (マネする) →	따라하되	≡ マネするにしても

例文 ◀) 014

사랑은 하되 집착은 하지 않는다.
サ ランウン　ハ ドェ　チプ チャ グン　ハ ジ　アン ヌン ダ
→ 愛するにしても、執着はしない。

주말에 놀되 할 건 다 해야 돼요.
チュ マ レ　ノル ドェ　ハル　コン　タ　ヘ ヤ　ドェ ヨ
→ 週末に遊ぶにしても、するべきことは全部しなければいけません。

047

文法 015　　　　　　　　　　　　　　　　　理由、原因

기 때문에

ギ テムネ

～するので、～するから

絶対韓国行くので、金庫の鍵、手、胸に

韓国に行くためにお金を貯めています。金庫の中にはコツコツ貯めた旅行費用が入っています。韓国に行くので、金庫のお金を使わないように、鍵を手にして、胸に当てて守っています。つい開けちゃいたくなりますよね。**기 때문에**は理由や原因を話すときに使います。ただ、後ろに命令や勧誘の文がこないのが特徴です。

つい単　오다＝来る

こんぶPOINT

原因や理由を表す語尾には**니까**や**서**もあります。後ろの文に命令や勧誘の意味を入れる場合は、**니까**を使います。たとえば「おいしいから来てください」は**맛있으니까 오세요**です。

048

作り方	◀) 015

そのまま + 기 때문에 をくっつける

	基本形	そのまま+기 때문에	意味
動詞	바꾸다 (変える) →	바꾸**기 때문에**	≡ 変えるので
	걷다 (歩く) →	걷**기 때문에**	≡ 歩くので
形容詞	싸다 (安い) →	싸**기 때문에**	≡ 安いので
	덥다 (暑い) →	덥**기 때문에**	≡ 暑いので

例文	◀) 015

내일은 태풍이 오기 때문에 학교에 안 가요.
ネイルン　テプンイ　オギ　テムネ　ハクキョエ　アン　ガ　ヨ
→ 明日は台風が来るので学校に行きません。

이 문제는 중요하기 때문에 다시 논의해요.
イ　ムンジェ ヌン　チュン ヨ ハ ギ　テムネ　タ シ　ノ ニ ヘ ヨ
→ この問題は重要なので、また議論します。

文法 016　　　　　　　　　　　　　　会話で使う理由

길래
ギルレ

〜するもんで、〜するので

後輩が見つめるもんで……超多忙ギレ

会社で忙しく仕事をしているのに、横で後輩が突っ立って見つめています。ただ、何もせず見つめているもんで、超多忙でついついキレてしまいました。**길래**というのは「〜するもんで」という意味の会話でよく使われる理由を表す言葉です。自分以外の人や物が理由で、こうなったというときに使います。動詞にも形容詞にも使えます。

つい単　쳐다보다=見つめる

 こんぶPOINT

新聞やレポートなど公に使う文章には使いません。**길래**は「〜するもんで」と訳しているように会話で使う表現です。文章できちんと書くときは**아/어서**(P160)や**기 때문에**(P48)を使います。

作り方	🔊 016

そのまま ＋ 길래 をくっつける

	基本形	そのまま+길래	意味
動詞	이야기하다 (話す)	➡ 이야기하**길래**	＝ 話すもんで
	받다 (もらう)	➡ 받**길래**	＝ もらうもんで
形容詞	크다 (大きい)	➡ 크**길래**	＝ 大きいもんで
	적다 (少ない)	➡ 적**길래**	＝ 少ないもんで

例文	🔊 016

사람들이 모이길래 유명인이 온 줄 알았어요.
サラムドゥリ　モイギルレ　ユミョンイニ　オン　ジュル　ア　ラッソ　ヨ
➡ 人々が集ったもんで、有名人が来たかと思いました。

교실의 불이 꺼져 있길래 그냥 집에 가 버렸어요.
キョシ　レ　プリ　コジョ　イッキルレ　クニャン　チペ　カ　ボ　リョッソ　ヨ
➡ 教室の電気が消えていたもんで、家に帰ってしまいました。

文法 017　　　　　　　　　　　　　動作の目標や限界

도록
ドロク

〜するように、〜するほど

推しが来るようにと言って驚く

王子様のような推しから「ステージの上に来るように」と言われて驚いています。推しに何かをするように言われたら、驚きますよね。**도록**は人に何かを促すときによく使われ、動作の目標を意味します。「来るように」なんて、死ぬほどうれしいこと。「死ぬほど」は「**죽도록**」で動作の限界を表現します。

つい単　오다=来る

 こんぶPOINT

도록は原則的には動詞にくっつきます。一部の形容詞で使用されることもありますが、通常形容詞には게をつけて、「大きい=크다」なら「大きく=크게」と表現します。

	作り方	◀) 017

そのまま + 도록 をくっつける

基本形		そのまま+도록		意味
가다 （行く）	→	가도록	≡	行くように
오다 （来る）	→	오도록	≡	来るように
먹다 （食べる）	→	먹도록	≡	食べるように
하다 （する）	→	하도록	≡	するように
없다※ （ない）	→	없도록	≡	ないように

※形容詞にはくっつきませんが、있다や없다という存在詞にはくっつきます。

	例 文	◀) 017

내일까지 꼭 하도록 하세요.
ネ イル カ ジ　 コ ク　 ハ ド ロ ク　 ハ セ ヨ

→ 明日までに必ずするようにしてください。

죽도록 사랑해.
チュク ト ロ ク　 サ ラン ヘ

→ 死ぬほど愛してる。

053

文法 018　　　　　　　　　　2つ以上の動作や状態を羅列

거나
ゴナ

〜したり

はぁ〜粉々にしたり

子どもが紙を粉々にしたり、お菓子を粉々にしたりしています。「はぁ〜」とお母さんはため息。粉々の発音は거나に似ています。거나というのは「〜したり」という意味で、2回続けて〜거나 〜거나と使うことで「〜したり〜したり」という意味になります。日本語でも会話でよく使うように、韓国語でも同じようによく使います。

つい単　하다=する

 こんぶPOINT

動詞にも形容詞にも使えます。거나を2回続ける言い方もありますが、「거나 하다=〜したりする」と거나を1回だけ使って、하다でつなぐ言い方もあります。

| 作り方 | ◀ 018 |

そのまま + 거나 をくっつける

	基本形	そのまま+거나	意味
動詞	자다 (寝る) →	자거나	= 寝たり
	웃다 (笑う) →	웃거나	= 笑ったり
形容詞	짜다 (塩辛い) →	짜거나	= 塩辛かったり
	달다 (甘い) →	달거나	= 甘かったり

| 例文 | ◀ 018 |

밤에는 책을 읽거나 동영상을 보거나 해요.
パ　メ　ヌン　チェ　グル　イル　コ　ナ　トン ヨン サン ウル　ポ　ゴ　ナ　ヘ　ヨ

→ 夜は本を読んだり、動画を見たりします。

서울에 가면 카페에 가거나 백화점에 가거나 해요.
ソ　ウ　レ　カ ミョン カ ペ エ　カ ゴ ナ　ペ クァ ジョ メ　カ ゴ ナ　ヘ　ヨ

→ ソウルに行ったら、カフェに行ったりデパートに行ったりします。

055

文法 019　　　　　　　　　　行動完了後の別の行動

고 나서
ゴ ナソ

〜してから

休んでから仕事となさそう

長期休暇をとってバカンスを楽しんでいます。でも、ふと急に仕事のことが気になります。こんなに休んで、その後の仕事がなさそうだな〜と。何かの行動が終わったあとで、その次にまた違う行動をするという順序をいうとき、この **고 나서** を使います。たとえば、韓国語の試験が終わってから、韓国スイーツを食べるというときなどです。

つい単　**쉬다**=休む

 こんぶPOINT

形容詞には使いません。**고 나서**は前の動作が完全に終わって、それからというニュアンスが強い言葉です。休んでからでもいいので、ぜひ覚えてみましょう！

056

作り方　🔊019

そのまま + **고 나서** をくっつける

基本形	そのまま+고 나서	意味
끝나다（終わる）	→ 끝나고 나서	＝ 終わってから
바뀌다（変わる）	→ 바뀌고 나서	＝ 変わってから
그만두다（辞める）	→ 그만두고 나서	＝ 辞めてから
이사하다（引っ越す）	→ 이사하고 나서	＝ 引っ越してから
결혼하다（結婚する）	→ 결혼하고 나서	＝ 結婚してから

例文　🔊019

손을 씻고 나서 밥을 먹어요.
ソ ヌル シッ コ ナ ソ パ ブル モ ゴ ヨ
→ 手を洗ってからご飯を食べます。

수술하고 나서 체력이 떨어졌어요.
ス ス ラ ゴ ナ ソ チェ リョ ギ ト ロ ジョ ッソ ヨ
→ 手術をしてから、体力が落ちました。

文法 020　　　　　前の行動のすぐ後に次の行動

자마자
ジャマジャ

〜するやいなや

人の家に来るやいなや、お邪魔じゃと言う

友だちを家に呼ぶと、家に来るやいなや「お邪魔じゃ」とあいさつする変な友だちです。もしかしたら、韓国語のできる友だちかもしれないですね。**자마자**というのは前の行動が終わってすぐに次の行動をするという意味です。たとえば、この本を見るやいなや（**보자마자**）、すぐに買ったという別の行動に移ることです。

つい単　**오다**=来る

こんぶPOINT

動詞のみに使え、形容詞には使えません。**자마자**は日常会話でもよく出てくる表現なので、邪魔じゃ！　と言わずに、このページを**보자마다**（見るやいなや）すぐに覚えましょう！

	作り方	🔊 020

そのまま ➕ 자마자 をくっつける

基本形	そのまま+자마자	意味
타다 (乗る)	➡ 타**자마자**	═ 乗るやいなや
일어나다 (起きる)	➡ 일어나**자마자**	═ 起きるやいなや
듣다 (聞く)	➡ 듣**자마자**	═ 聞くやいなや
묻다 (尋ねる)	➡ 묻**자마자**	═ 尋ねるやいなや
앉다 (座る)	➡ 앉**자마자**	═ 座るやいなや

	例文	🔊 020

집에 도착하자마자 자 버렸어요.
チ ベ ト チャカ ジャ マ ジャ チャ ポ リョッソ ヨ
➡ 家に到着するやいなや、寝てしまいました。

일어나자마자 핸드폰부터 봐요.
イ ロ ナ ジャ マ ジャ ヘンドゥポン ブ ト ポァ ヨ
➡ 起きるやいなや、ケータイから見ます。

第1章 動詞・形容詞にくっつく文法 そのまま

文法 021　　　　　　　動作・状態の中断と切り替わり

다가
ダガ

〜していたら、〜している途中で

マッサージしていたら、肌が赤くなった

マッサージをしていたら、肌が赤くなってしまいました。다가というのは、何かの動作が終わっていないのに途中で中断して、急に別のことが起きるときに使います。イラストの例でいくと、マッサージがすべて終わっていないのに、途中で肌が赤くなってきたので「마사지하다가＝マッサージしていたら」ということができます。

つい単　하다＝する

こんぶPOINT

形容詞には使えません。会話では다가の가を省略して다だけでいうこともあります。こんぶパンも初めて聞いたときは動詞の基本形が突如出てくる感じで不思議でした。

作り方 ◀) 021

そのまま + **다가** をくっつける

基本形	そのまま+다가	意味
가다 (行く) →	가**다가**	= 行っていたら
보다 (見る) →	보**다가**	= 見ていたら
공부하다 (勉強する) →	공부하**다가**	= 勉強していたら
울다 (泣く) →	울**다가**	= 泣いていたら
참다 (我慢する) →	참**다가**	= 我慢していたら

例文 ◀) 021

기다리다가 지쳐서 자 버렸어요.
キダリダガ チチョソ チャ ボリョッソ ヨ
→ 待っていたら、くたびれて寝てしまいました。

밥을 먹다가 엄마한테 전화를 했어요.
パブル モクタガ オムマハンテ チョヌァルル ヘッソ ヨ
→ ご飯を食べている途中で、お母さんに電話をしました。

文法 022　　　　　　　　　　　行動や出来事がある前

기 전에
ギ ジョネ

～する前に

買う前に詐欺上手ね

韓国で買い物をしていますが、偽物のブランドカバンが?!　買う前に一言、「詐欺、上手ね」と言うと店員さんがびっくり！　でも大丈夫。店員さんは韓国語の上手さに驚いただけで偽物ではないようです。**기 전에**は行動をする前を表します。**기**は「～すること」という意味で動詞を名詞のように作り変えてくれます。直訳すると「～することの前に」という意味です。

つい単　**사다**=買う

こんぶPOINT

形容詞には使えません。「～する前に」は**기 전에**ですが、反対の意味の「～した後に」は**ㄴ 후에**（P128）を使い、**기 후에**という表現はありません。**전**は前、**후**は後という漢字語です。

| 作り方 | | ◀) 022 |

そのまま + 기 전에 をくっつける

基本形	そのまま+기 전에	意味
그리다 (描く)	➡ 그리기 전에	≡ 描く前に
공부하다 (勉強する)	➡ 공부하기 전에	≡ 勉強する前に
신다 (履く)	➡ 신기 전에	≡ 履く前に
볶다 (炒める)	➡ 볶기 전에	≡ 炒める前に
죽다 (死ぬ)	➡ 죽기 전에	≡ 死ぬ前に

| 例文 | | ◀) 022 |

선생님이 오기 전에 과자 먹자.
ソン セン ニ ミ　オ ギ　ジョ ネ　クァ ジャ　モ ク チャ
➡ 先生が来る前にお菓子食べよう。

시험을 보기 전에 복습을 해요.
シ ホ ムル　ボ ギ　ジョ ネ　ボ ク ス ブル　ヘ ヨ
➡ 試験を受ける前に、復習をします。

文法 023　　　　　　　　　　　　　　　　　　　目的、意図

기 위해
ギ ウィヘ

〜するために

行くために、カギwe hey！

自家用飛行機でアメリカに行こうとしています。操縦のカギをwe hey！と叫びながら、くれと言っています。そんなカギで操縦できるのかわかりませんが、カギというのは何かの目的を達成するためには必要ですね。기は「〜すること」と動詞を名詞のようにしてくれるもので、直訳すると「〜することのために」という意味です。

つい単　가다＝行く

こんぶPOINT

形容詞には使えません。기 위해서と言うこともあります。기 위해はこれからの目的や目標を達成するために行動するときの表現で、기 때문에(P48)はすでにある原因や理由を表します。

| 作り方 | ◀》 023 |

そのまま + 기 위해 をくっつける

基本形	そのまま+기 위해	意味
들어가다 (入る)	➡ 들어가기 위해	＝ 入るために
갈아타다 (乗り換える)	➡ 갈아타기 위해	＝ 乗り換えるために
먹다 (食べる)	➡ 먹기 위해	＝ 食べるために
살다 (暮らす)	➡ 살기 위해	＝ 暮らすために
잊다 (忘れる)	➡ 잊기 위해	＝ 忘れるために

| 例 文 | ◀》 023 |

자막 없이 드라마를 보기 위해 한국어를 공부해요.
チャ マク オプ シ トゥラ マ ルル ポ ギ ウィ ヘ ハン グ ゴ ルル コン ブ ヘ ヨ
➡ 字幕なしでドラマを見るために韓国語を勉強します。

최애랑 대화하기 위해 열심히 단어를 외워요.
チュェ エ ラン テ ファ ハ ギ ウィ ヘ ヨル シ ミ タ ノ ルル ウェ ウォ ヨ
➡ 推しと会話するために、一生懸命単語を覚えます。

065

文法 024　　　　　　　　　その行為をすることが嫌な様子

기 싫어
ギ シロ

〜したくない

行きたくないから、鍵しろ！

旦那さんが会社に行きたくないので、奥さんに「鍵しろ!」と言っています。家から出たくないんですね。きっと会社で何かあったのでしょう。**기 싫어**の**기**は「〜すること」、**싫어**は「嫌だ」で「〜することが嫌だ」という意味です。子どもが保育園に行くのを嫌がるとき、イラストのように**가기 싫어**とよく言います。動詞のみに使えます。

つい単　**가다**=行く

 こんぶPOINT

基本の形は**기 싫다**です。**안 가고 싶다**も「行きたくない」ですが、これは願望の否定なので望まないというニュアンスで、**기 싫다**は感情的にストレートに嫌という感じです。

作り方　🔊 024

| そのまま | + | 기 싫어 をくっつける |

基本形	そのまま+기 싫어	意味
주다 （あげる） →	주기 싫어	＝ あげたくない
버리다 （捨てる） →	버리기 싫어	＝ 捨てたくない
지다 （負ける） →	지기 싫어	＝ 負けたくない
입다 （着る） →	입기 싫어	＝ 着たくない
먹다 （食べる） →	먹기 싫어	＝ 食べたくない
씻다 （洗う） →	씻기 싫어	＝ 洗いたくない

例文　🔊 024

오늘은 밖에 나가기 싫어.
オ ヌ ルン　パッケ　ナ ガ ギ　シ ロ
➡ 今日は外に出たくない。

야채는 먹기 싫어.
ヤ チェ ヌン　モㇰ キ　シ ロ
➡ 野菜は食べたくない。

067

文法 025　　　　　　　　　　　　　　簡単さや容易さを表す

기 쉽다
ギ シュィプタ

〜しやすい

座りやすいから暗記した

韓国語の単語をとても座りやすい椅子に座って覚えています。単語もすぐ頭に入るようで、「もう暗記した！」と言っています。**기 쉽다**の**기**は「〜すること」で動詞を名詞のように変えてくれます。**쉽다**は「簡単だ」という意味です。つまり**기 쉽다**は「〜することが簡単だ」という意味で、「〜しやすい」です。形容詞には使えません。

　　　　　　　　　　　　　　　　　　　　　つい単　앉다＝座る

 こんぶPOINT

着やすい服、動きやすいズボン、食べやすい大きさ、飲みやすい青汁など、「〜しやすい」は生活でよく使う表現です。**기 편하다**や**기 좋다**も似た意味で使えます。

| 作り方 | 🔊 025 |

そのまま + 기 쉽다 をくっつける

基本形	そのまま+기 쉽다	意味
다치다 （ケガする） →	다치기 쉽다	＝ ケガしやすい
무너지다 （崩れる） →	무너지기 쉽다	＝ 崩れやすい
먹다 （食べる） →	먹기 쉽다	＝ 食べやすい
자르다 （切る） →	자르기 쉽다	＝ 切りやすい
만들다 （作る） →	만들기 쉽다	＝ 作りやすい

| 例文 | 🔊 025 |

이 원피스는 입기 쉽다.
イ ウォンピスヌン イプキ シュィプタ
→ このワンピースは着やすい。

선생님 설명은 이해하기 쉬워요.
ソン セン ニム ソルミョンウン イ ヘ ハ ギ シュィウォ ヨ
→ 先生の説明は理解しやすいです。

第1章 動詞・形容詞にくっつく文法 そのまま

069

文法 026　　　　　　　　　　　　　　　状態の変化

게
ゲ

～するように、
～く、～に

行くように、陰(かげ)で見守る

お母さんが、子どもが一人で学校に行けるよう陰で見守っています。小さい頃、一人で帰れるように、好き嫌いなく食べるように、常に誰かが陰で見守ってくれていたはずです。このような行動や状態の変化は게で表します。形容詞の場合は、大きく、小さく、静かに、きれいになどのように「～く」「～に」と訳せます。

　つい単　가다=行く

 こんぶPOINT

게がつくことで副詞の働きをします。「게 하다=～するようにする」「게 되다=～するようになる」など、後ろに하다や되다をつけて使うこともよくあります。

作り方			🔊 026

そのまま + 게 をくっつける

	基本形	そのまま+게	意味
動詞	보다 (見る) →	보게	≡ 見るように
	먹다 (食べる) →	먹게	≡ 食べるように
形容詞	크다 (大きい) →	크게	≡ 大きく
	맵다 (辛い) →	맵게	≡ 辛く

例文	🔊 026

최애가 생겨서 한국어를 공부하게 됐어요.
チュェ エ ガ センギョ ソ ハング ゴルル コン ブ ハ ゲ ドェッソ ヨ

→ 推しができて、韓国語を勉強するようになりました。

김치찌개 많이 맵게 해 주세요.
キム チ ッチゲ マ ニ メプケ ヘ ジュ セ ヨ

→ キムチチゲ、すごく辛くしてください。

文法 027　　　　　　　　　　　　状態や行動の変化

게 되다
ゲ ドェダ

～するようになる

OK出たから、彼氏が来るようになる

彼氏が彼女の家に遊びに来ました。お母さんからOKが出たので、家に来るようになったんですね。最初は来れなかったのに、お母さんのOKというきっかけで、彼氏の行動が変わっています。このように、最初の行動や状態が何かのきっかけで変化するときに、게 되다を使います。動詞にも形容詞にも使えます。

つい単　오다=来る

こんぶPOINT

게 되다に似た意味で形容詞＋아/어지다があります。게 되다はどちらかというと人が生み出した変化、아/어지다は寒くなる、暑くなるような自然による変化に使われます。

作り方　◀) 027

| そのまま | ＋ | 게 되다 をくっつける |

	基本形	そのまま+게 되다	意味
動詞	만나다 （会う）	➡ 만나게 되다	＝ 会うように なる
	믿다 （信じる）	➡ 믿게 되다	＝ 信じるように なる
形容詞	미안하다 （すまない）	➡ 미안하게 되다	＝ すまないこ とになる
	새롭다 （新しい）	➡ 새롭게 되다	＝ 新しくなる

例文　◀) 027

서울에서 일하게 되다.
ソウレソ　イラゲ　ドェダ
➡ ソウルで働くことになる。

공사 때문에 좀 불편하게 됐네요.
コンサ　テムネ　チョム　プルピョナゲ　ドェンネ　ヨ
➡ 工事のせいで少し不便になりましたね。

文法 028 　　　　　　　　　　　　過去の事実を回想

던데
ドンデ

〜してたけど、〜なんだけど

うどんで泣いてたけど

韓国人の友だちが日本に遊びに来たときに、一番おいしかったのは駅で簡単に食べられる立ち食いそばやうどんだと言っていました。そういえば、あの友だちうどんで泣いてたけど……今頃元気かな？　実際は泣くまでではありませんでしたが、本当に感動していました。こんなふうに過去の経験を思い出しながら話すときに**던데**を使います。

つい単　울다=泣く

 こんぶPOINT

요をつけて**던데요**と言えば丁寧な言い方になり、「〜してましたけど」という表現になります。たとえば、駅のうどん屋の店長に当時の話をするときは**울던데요**といいます。

作り方　🔊 028

そのまま ＋ 던데 をくっつける

	基本形	そのまま+던데	意味
動詞	기다리다 (待つ)	→ 기다리던데	≡ 待ってたけど
	찾다 (探す)	→ 찾던데	≡ 探してたけど
形容詞	싸다 (安い)	→ 싸던데	≡ 安かったんだけど
	무섭다 (怖い)	→ 무섭던데	≡ 怖かったんだけど

例文　🔊 028

지하철역에 사람이 많던데 무슨 행사가 있나요?
チ ハ チョルリョ ゲ　サ ラ ミ　マントンデ　ム スン　ヘンサ ガ　イン ナ ヨ
→ 地下鉄の駅に人が多かったんですけど、何かイベントがあるんですか?

아까 여자 친구가 혼자 울던데 너 뭐 했어?
ア ッカ　ヨ ジャ　チン グ ガ　ホンジャ　ウル ドン デ　ノ　　ムォ　ヘッソ
→ さっき、彼女が一人で泣いてたけど、あんた何したの?

075

文法 029　　　　　　　　　　　　譲歩の意味を含む仮定

더라도
ドラド

〜したとしても、〜だとしても

トラが<u>ドーラードー</u>と<u>帰っ</u>たとしても

トラが山から人里に下りてきました。でも、何だか気分でもよくなったのか、ドーラードーと鼻歌を歌いながら山へまた帰ろうとしています。「それでも家の外に出てはダメ」と、トラの習性をよく知るお姉ちゃんが言っています。더라도というのは、本当に万が一そうだったとしても、という強い仮定を表します。

（つい単） 돌아가다=帰る

 こんぶPOINT

더라도の後ろには否定表現がきます。아/어도（P176）も「〜しても」という仮定表現ですが、돌아가도と돌아가더라도の違いは「帰っても」と「帰ったとしても」の違いに似ています。

作り方 ◀》029

| そのまま | **+** | 더라도 | をくっつける |

	基本形	そのまま+더라도	意味
動詞	기다리다 （待つ）	→ 기다리**더라도**	= 待ったとしても
	먹다 （食べる）	→ 먹**더라도**	= 食べたとしても
形容詞	바쁘다 （忙しい）	→ 바쁘**더라도**	= 忙しかった としても
	힘들다 （大変だ）	→ 힘들**더라도**	= 大変だとしても

例文 ◀》029

눈이 오더라도 지하철은 운행할 거예요.
ヌ ニ　オ ド ラ ド　チ ハ チョルン　ウ ネン ハル　　コ　エ　ヨ

➡ 雪が降ったとしても、地下鉄は運行するでしょう。

아프더라도 조금만 참으세요.
ア プ ド ラ ド　チョ グム マン　チャム セ ヨ

➡ 痛かったとしても少しだけ我慢してください。

第1章　動詞・形容詞にくっつく文法｜そのまま

077

文法 030　　　　　　　　　　　　　　　　　　経験の回想

더라고요
ドラゴヨ　　　　　　〜したんですよ、〜だったんですよ

谷にドラゴンよ！　本当に行き来していたんですよ！

とある田舎で、女の人が何かを必死に訴えています。「谷にドラゴンがいたのよ！ 行き来してたんですよ!!」と。聞いた住民はキョトンとしています。自分が経験したことを回想しながら誰かに伝えるときには、ドラゴンを思い出してください。더라고요は単純な過去の経験よりは、意外だった経験を相手に知ってほしいときに使います。

つい単　다니다=行き来する、通う

 こんぶPOINT

요を取って、더라고と言えば友だちや目下の人に使うカジュアルな言葉遣いになります。ソウルの方では더라구요と고が구になることもよくあり、柔らかい語感になります。

作り方	◀) 030

そのまま + 더라고요 をくっつける

	基本形		そのまま+더라고요		意味
動詞	지각하다 (遅刻する)	→	지각하**더라고요**	=	遅刻したん ですよ
	닮다 (似る)	→	닮**더라고요**	=	似てたん ですよ
形容詞	좋다 (よい)	→	좋**더라고요**	=	よかったん ですよ
	그립다 (懐かしい)	→	그립**더라고요**	=	懐かしかっ たんですよ

例文	◀) 030

아기가 처음으로 밥을 먹더라고요.
ア　ギ　ガ　　チョ ウ ム ロ　　パ ブル　モク ト ラ ゴ ヨ
→ 赤ちゃんが初めてご飯を食べたんですよ。

아이돌을 봤는데 정말 예쁘더라고요.
ア　イ ドル ル　ポァン ヌン デ　チョン マル　イェップ ド ラ ゴ ヨ
→ アイドルを見たんですけど、本当にきれいだったんですよ。

文法 031　　　　　　　　　事実や根拠をもとに推測

나 보다
ナ ボダ

〜するみたい、〜らしい

棚(たな)ぼたで、飛行機に乗るみたい

知り合いが韓国行きの飛行機のチケットが当たったようで、飛行機に乗るみたいです。まさに棚ぼたですね！ このとき、羨ましがっている女性は、知り合いがチケットを手にもって喜んでいる姿や、以前何かに応募したという話を聞いているはずです。そんな事実や根拠から推測するとき、나 보다を使います。

つい単　타다=乗る

こんぶPOINT

動詞のみで形容詞には使えません。形容詞はパッチム確認+ㄴ/은가 보다です。お店の前の人だかりを見て「싼가 보다=安いみたい」のように使います。

作り方 🔊 031

そのまま + 나 보다 をくっつける

基本形	そのまま+나 보다	意味
사다 （買う）	➡ 사나 보다	≡ 買うみたい
시작하다 （始まる）	➡ 시작하나 보다	≡ 始まるみたい
끝나다 （終わる）	➡ 끝나나 보다	≡ 終わるみたい
출발하다 （出発する）	➡ 출발하나 보다	≡ 出発するみたい
울다 （泣く）	➡ 우나 보다 ※	≡ 泣いているみたい

※다の前が ㄹパッチムの単語は ㄴの前で ㄹが脱落します。

例 文 🔊 031

오늘도 출근하나 보다.
オ ヌル ド チュル グ ナ ナ ボ ダ

➡ 今日も出勤するみたい。

옆집 딸은 미국에 유학 가나 봐.
ヨプ チプ タル ルン ミ グ ゲ ユ ハク カ ナ ボァ

➡ 隣の家の娘はアメリカに留学するみたい。

第1章 動詞・形容詞にくっつく文法 そのまま

文法 032　　　　　　　　　　　　未来のことや推測、意志

겟다
ゲッタ

～するだろう、～そうだ

辛そうだ！　トッポギめっけったー！

辛い物が大好きな女の子が、韓国の屋台でやっと辛いトッポギをめっけったー！でも本当に辛いかどうかは食べてみなければわかりません。あくまでも、見た目の色などで判断しているんです。겟다というのは辛いなどの形容詞にくっつくと、「～そうだ」という意味になります。「맛있겟다=おいしそうだ」は毎日でも使える表現です。

つい単　맵다=辛い

こんぶPOINT

動詞にも使うことができます。「가겟다=行くだろう、行きそう」「먹겟다=食べるだろう、食べそう」のように未来のことを推測したり、「行くから」「食べるから」と意志を表すときに使います。

作り方 🔊 032

| そのまま | ＋ | 겠다 | をくっつける |

	基本形		そのまま+겠다		意味
動詞	다치다 (ケガする)	→	다치겠다	=	ケガしそうだ
	타다 (焦げる)	→	타겠다	=	焦げそうだ
形容詞	쓰다 (苦い)	→	쓰겠다	=	苦そうだ
	덥다 (暑い)	→	덥겠다	=	暑そうだ

例文 🔊 032

이 정도 양이면 혼자서 다 먹겠다.
イ ジョンド ヤン イ ミョン ホンジャ ソ タ モク ケッ タ

➡ これくらいの量なら一人で全部食べそうだ。

우리 조카딸이 입으면 예쁘겠다.
ウ リ チョ カ ッタ リ イ ブ ミョン イェ ップ ゲッ タ

➡ うちの姪っ子が着たらきれいだろうな。

文法 033　　　　　　　　　　　　　　　丁寧な命令、依頼

세요/으세요
セヨ/ウセヨ
～してください

おせーよ、早く来てください

ツアーの韓国旅行に参加しました。現地のガイドさんは韓国人。**오세요**と丁寧にお願いされているはずなのですが、なぜか「おせーよ」と怒られているような気がするのは、気のせいでしょうか。**세요**は聞き手の利益のために使う丁寧な命令や依頼で、空港や機内でもよく聞こえてくる語尾です。動詞のみに使われます。

つい単　**오다**=来る

 こんぶPOINT

もし、来てくださいといっても来なかった場合、困るのはツアー客です。そういう意味で聞き手の利益のためなら**세요/으세요**を使い、話し手の利益のためなら**아/어 주세요**を使います。

作り方　　　🔊 033

パッチム確認 + **세요/으세요** をくっつける

	基本形		パッチム確認 + 세요/으세요		意味
パッチムのない単語	타다 (乗る)	➡	타세요	=	乗ってください
	들어가다 (入る)	➡	들어가세요	=	入ってください
パッチムのある単語	닫다 (閉める)	➡	닫으세요	=	閉めてください
	잊다 (忘れる)	➡	잊으세요	=	忘れてください
パッチムがㄹの単語は例外	놀다 (遊ぶ)	➡	노세요※	=	遊んでください

※다の前がㄹパッチムの単語はㅅの前でㄹが脱落します。

例文　　　🔊 033

빨리 오세요.
パルリ オセヨ
→ 早く来てください。

오늘은 추우니까 코트를 입으세요.
オヌルン チュウニッカ コトゥルル イブセヨ
→ 今日は寒いからコートを着てください。

文法 034　　　　　　　　　　　主観的な理由、原因

니까/으니까

ニッカ/ウニッカ　　～するから、～だから

忙しいからパプリカ

朝は料理する時間もなく忙しいから、生のパプリカをかじって行ってきます！　니까は理由や原因を表し会話でよく使われます。韓国はパプリカの生産量が多く、パプリカ輸出国相手の99%は日本です。もしかしたら、この間食べたパプリカは韓国産だったかも。忙しいときにはパプリカを食べて韓国語も一緒に勉強してみてください。

（つい単）바쁘다=忙しい

こんぶPOINT

바쁘니까と바빠서の違いは니까は主観的で、서は客観的です。「忙しいから」と「忙しくて」くらいの違いですが、니까は自分の考える理由や原因で、言い訳のような語感です。

| | 作り方 | 🔊 034 |

| パッチム確認 | **+** | 니까/으니까 をくっつける |

	基本形	パッチム確認 + 니까/으니까	意味
パッチムの ない単語	만나다 （会う）	➡ 만나**니까**	＝ 会うから
	크다 （大きい）	➡ 크**니까**	＝ 大きいから
パッチムの ある単語	웃다 （笑う）	➡ 웃**으니까**	＝ 笑うから
	좁다 （狭い）	➡ 좁**으니까**	＝ 狭いから
パッチムが ㄹの単語は 例外	울다 （泣く）	➡ 우**니까**※	＝ 泣くから

※다の前がㄹパッチムの単語はㄴの前でㄹが脱落します。

| | 例 文 | 🔊 034 |

같이 공부하니까 재미있어요.
カ チ コン ブ ハ ニ ッカ チェ ミ イッソ ヨ

➡ 一緒に勉強するから楽しいです。

마늘을 많이 넣으니까 맛있어요.
マ ヌ ル マ ニ ノ ウ ニ ッカ マ シッソ ヨ

➡ ニンニクをたくさん入れるからおいしいんです。

第1章 動詞・形容詞にくっつく文法 パッチム確認

文法 035　　　　　　　　　　　　　　　　　　　　　　仮定

면/으면
ミョン/ウミョン

〜たら、〜れば、
〜なら、〜すると

ブルースをあいみょんみたいに歌ったら

カラオケに行ってブルースを歌いますが、なかなかうまく歌えません。あいみょんみたいに歌ったら拍手をたくさんもらえるだろうになぁ〜と思いながら、がんばって歌っています。면は仮定を表し、もしこうだったらというときに使います。日本語の仮定表現は「たら、れば、なら、と」の4つがありますが、韓国語は基本的にすべて면です。

つい単　부르다=歌う

 こんぶPOINT

韓国人に日本語を教えるとき、質問が多いのは仮定表現です。韓国語は면だけなのに、日本語は4つもあり、区別が難しいからです。日本人は면だけを覚えればいいのでラッキー！

作り方 🔊 035

| パッチム確認 | + | 면/으면 | をくっつける |

	基本形	パッチム確認 + 면/으면	意味
パッチムの ない単語	보다 (見る) →	보**면**	= 見るなら
	잘하다 (上手だ) →	잘하**면**	= 上手なら
パッチムの ある単語	받다 (もらう) →	받**으면**	= もらったら
	좋다 (よい) →	좋**으면**	= よいなら
パッチムが ㄹの単語は 例外	멀다 (遠い) →	멀**면**※	= 遠いなら

※다の前がㄹパッチムの単語は면だけをくっつけます。

例文 🔊 035

오른쪽으로 쭉 가면 화장실이 있어요.
オルン チョグ ロ チュク カミョン ファジャン シ リ イッソ ヨ
→ 右へずっと行くと、トイレがあります。

냉면에 식초랑 겨자를 넣으면 맛있어요.
ネンミョネ シゥチョラン キョジャルル ノウミョン マ シッソ ヨ
→ 冷麺に酢とからしを入れるとおいしいです。

文法 036　　　　　　　　　　　　　　　　　　　意図

려고/으려고
リョゴ/ウリョゴ　｜　〜しようと（思う）

イブ旅行で着ようと（思う）

女の子がクリスマスイブにデートのようです。イブ旅行で着ようと思っているワンピースを取り出して、鏡の前で合わせています。イブ旅行のために準備したんでしょうね。ある目的や意図があって行動をするときに려고を使います。韓国語を「勉強しようと思って」この本を手に取ったなら、**공부하려고**です。

つい単　**입다**＝着る

 こんぶPOINT

려고 하다で「〜しようと思う」です。**려고**だけでも「思う」という意味は含まれていますが、**하다**をつけることでより明確になります。形容詞は一部でのみ使われます。

作り方　🔊 036

| パッチム確認 | **+** | 려고/으려고 | をくっつける |

	基本形	パッチム確認 + 려고/으려고	意味
パッチムの ない単語	사다 （買う） ➡	사**려고**	＝ 買おうと
	쓰다 （かぶる） ➡	쓰**려고**	＝ かぶろうと
パッチムの ある単語	벗다 （脱ぐ） ➡	벗**으려고**	＝ 脱ごうと
	갈아입다 （着替える） ➡	갈아입**으려고**	＝ 着替え ようと
パッチムが ㄹの単語は 例外	만들다 （作る） ➡	만들**려고**※	＝ 作ろうと

※다の前にㄹパッチムのある単語は려고だけをくっつけます。

例　文　🔊 036

친구한테 주려고 선물을 샀어요.
チン グ ハン テ　チュ リョ ゴ　ソン ム ルル　サッ ソ ヨ

➡ 友だちにあげようと思ってプレゼントを買いました。

점심을 많이 먹으려고 아침을 안 먹었어요.
チョム シ ムル　マ ニ　モ グ リョ ゴ　ア チ ムル　アン　モ ゴッ ソ ヨ

➡ お昼ご飯をたくさん食べようと、朝ご飯を食べませんでした。

文法 037　　　　　　　　　　　　　移動の目的

러/으러
ロ/ウロ

～しに

ハローとあいさつしに行く

子どもがハローと、英語ネイティブの先生にあいさつしに行っています。韓国では英語塾に通うのが盛んで、早い子どもは幼稚園から通います。英語幼稚園も人気で、小さい頃からハローと先生にあいさつします。～しに行く、～しに来る、～しに帰るなど、移動を表す動詞が後ろにきて、その移動の目的を表します。

つい単　하다＝する

こんぶPOINT

形容詞には使えません。また、「놀다＝遊ぶ」などパッチムがㄹの場合は、으러ではなく러をくっつけます。「遊びに行く」なら「놀으러 가다」ではなく「놀러 가다」です。

	作り方		🔊 037

パッチム確認 + **러/으러** をくっつける

	基本形	パッチム確認 + 러/으러		意味
パッチムの ない単語	배우다 （学ぶ） ➡	배우**러**	＝	学びに
	공부하다 （勉強する） ➡	공부하**러**	＝	勉強しに
パッチムの ある単語	먹다 （食べる） ➡	먹**으러**	＝	食べに
	닫다 （閉める） ➡	닫**으러**	＝	閉めに
パッチムが ㄹの単語は 例外	열다 （開ける） ➡	열**러**※	＝	開けに

※다の前にㄹパッチムのある単語は러だけをくっつけます。

	例 文	🔊 037

한국에 뭐 하러 가요?
ハン グ ゲ ムォ ハ ロ カ ヨ
➡ 韓国に何しに行きますか?

다음 주에 같이 밥 먹으러 가요.
タ ウム チュ エ カ チ パム モ グ ロ カ ヨ
➡ 来週、一緒にご飯食べに行きましょう。

第1章 動詞・形容詞にくっつく文法 パッチム確認

093

文法 038　　　　　　　　　　　　　　　　要求、勧誘

ㅂ/읍시다
プ/ウプシダ

～しましょう

歯ブラシだ！　しましょう！

家に歯ブラシが届きました。お母さんがたくさん注文したようです。それを見た子どもが、「歯ブラシだ！　歯磨きしましょう！」と家族に呼びかけています。ㅂ시다というのは何かを勧誘するときに使いますが、とくに大勢の人に呼びかけるときによく使います。日本語の「～しましょう」とは少し使う場面が違うので注意が必要です。

つい単 하다=する

 こんぶPOINT

形容詞には使いません。日本語とは違い、年上の人に使うと失礼になります。大勢の人や、友だち、目下の人に使います。日本語のような「～しましょう」は아/어요(P152)をよく使います。

| | 作り方 | ◀)) 038 |

| パッチム確認 | **+** | ㅂ/읍시다 | をくっつける |

	基本形	パッチム確認 + ㅂ시다/읍시다	意味
パッチムの ない単語	가다 (行く)	➡ 갑시다	= 行きましょう
	일어나다 (立ち上がる)	➡ 일어납시다	= 立ち上がり ましょう
パッチムの ある単語	씻다 (洗う)	➡ 씻읍시다	= 洗いましょう
	앉다 (座る)	➡ 앉읍시다	= 座りましょう
パッチムが ㄹの単語は 例外	팔다 (売る)	➡ 팝시다 ※	= 売りましょう

※다の前にㄹパッチムのある単語はㅂの前でㄹが脱落します。

| | 例 文 | ◀)) 038 |

슬슬 집에 갑시다.
スル スル　チ ベ　カプ シ ダ
➡ そろそろ家に帰りましょう。

자, 이동합시다.
チャ　イ ドン ハプ シ ダ
➡ さあ、移動しましょう。

095

文法 039　　　　　　　　　　　　　能力や可能性

ㄹ/을 수 있다
ル/ウル ス イッタ

～することができる

行くことができるとカール・ルイス言った

カール・ルイスが、「もっと行くことができる！」と言っています。彼なら可能でしょう！　ㄹ 수 있다というのは能力や可能性を表す表現です。さぁ、あなたの韓国語能力もカール・ルイスを思い浮かべるだけで、彼のように速くゴールに「갈 수 있다（行くことができる）」！　ちなみにカール・ルイスは1980年代に活躍した陸上選手ですよ。

つい単　가다=行く

 こんぶPOINT

形容詞にくっついた場合は「小さい=작다」なら「작을 수 있다」で「小さい可能性がある」というように可能性を表す表現になります。まずは、よく使う動詞から練習しましょう。

| | | 作 り 方 | ◀)) 039 |

パッチム確認 + ㄹ/을 수 있다 をくっつける

	基本形	パッチム確認 + ㄹ/을 수 있다	意味
パッチムの ない単語	달리다 (走る) →	달릴 수 있다 =	走ることが できる
	이기다 (勝つ) →	이길 수 있다 =	勝つことが できる
パッチムの ある単語	웃다 (笑う) →	웃을 수 있다 =	笑うことが できる
	받다 (もらう) →	받을 수 있다 =	もらうことが できる
パッチムが ㄹの単語は 例外	날다 (飛ぶ) →	날 수 있다 ※ =	飛ぶことが できる

※다の前にㄹパッチムのある単語はㄹパッチムで始まる語尾がくると、パッチムがㄹㄹと重なるので
　1つㄹが脱落します。

| | 例 文 | ◀)) 039 |

혼자서 갈 수 있다!
ホン ジャ ソ　カル　ス　イッ タ
→ 一人で行くことができる!

저는 매운 음식을 먹을 수 있어요.
チョ ヌン　メ ウン　ウム シ グル　モ グル　ス　イッ ソ ヨ
→ 私は辛い食べ物を食べることができます。

097

文法 040　　　　　　　　　　　　　　不可能

ㄹ/을 수 없다
ル/ウル ス オプタ

〜することができない

行くことができない、カール・ルイスおんぶだ

カール・ルイスが、途中でケガをしてしまったのか、おんぶされています。おんぶされている状態では、これ以上先に行くことができません。つまり ㄹ 수 없다 は不可能を意味する表現です。수 というのは漢字で「手」と書き、手段や方法という意味です。ㄹ 수 없다 というのは「〜する手段がない」、つまりできないという意味です。

つい単　가다=行く

こんぶPOINT

못も不可能表現ですが、ㄹ 수 없다は能力はあるが今は理由があってできないとき、못は能力がないときに使います。イラストは能力はあるけれどできないのでㄹ 수 없다です。

| | 作り方 | 🔊 040 |

パッチム確認 ＋ ㄹ/을 수 없다 をくっつける

	基本形	パッチム確認 ＋ ㄹ/을 수 없다	意味
パッチムの ない単語	보다 （見る）	➡ 볼 수 없다	＝ 見ることが できない
	멈추다 （止まる）	➡ 멈출 수 없다	＝ 止まることが できない
パッチムの ある単語	신다 （履く）	➡ 신을 수 없다	＝ 履くことが できない
	참다 （我慢する）	➡ 참을 수 없다	＝ 我慢することが できない
パッチムが ㄹの単語は 例外	벌다 （稼ぐ）	➡ 벌 수 없다 ※	＝ 稼ぐことが できない

※다の前にㄹパッチムのある単語はㄹパッチムで始まる語尾がくると、パッチムがㄹㄹと重なるので
　1つㄹが脱落します。

| | 例 文 | 🔊 040 |

사람이 많아서 지나갈 수 없어요.
サ ラ ミ　マ ナ ソ　チ ナ ガ ル　ス　オ プ ソ ヨ
➡ 人が多くて通ることができません。

지금은 말할 수 없어요.
チ グ ムン　マ ラ ル　ス　オ プ ソ ヨ
➡ 今は言うことができません。

第1章　動詞・形容詞にくっつく文法　パッチム確認

099

文法 041　　　　　　　　　　　　　予定、意志、推量

ㄹ/을 거야
ル/ウル コヤ

〜するつもりだ、〜だろう

しるこ屋で休むつもりだ

夫婦で散歩に出かけ、おばあさんが途中で疲れて「しるこ屋で休むつもりだ！」と言い張っています。おじいさんは優しく「しるこ？　え〜よ」と言ってくれました。おばあさんの言った「しるこ屋」は「쉴 거야＝休むつもりだ」、おじいさんの言った「しるこ？　え〜よ」は「쉴 거예요＝休むつもりです」で、より丁寧な表現になります。

つい単　쉬다＝休む

こんぶPOINT

ㄹ 거야の発音は[ㄹ 꺼야]で、거が[꺼]と濃音になります。形容詞にくっつくと「클 거야＝大きいだろう」「작을 거야＝小さいだろう」のように推量の意味になります。

100

	作り方	🔊 041

パッチム確認 ＋ ㄹ/을 거야 をくっつける

	基本形	パッチム確認 ＋ ㄹ/을 거야	意味
パッチムの ない単語	만나다 (会う)	➡ 만날 거야	＝ 会うつもりだ
	따뜻하다 (温かい)	➡ 따뜻할 거야	＝ 温かいだろう
パッチムの ある単語	먹다 (食べる)	➡ 먹을 거야	＝ 食べるつもりだ
	맛있다 (おいしい)	➡ 맛있을 거야	＝ おいしいだろう
パッチムが ㄹの単語は 例外	팔다 (売る)	➡ 팔 거야 ※	＝ 売るつもりだ

※다の前にㄹパッチムのある単語はㄹパッチムで始まる語尾がくると、パッチムがㄹㄹと重なるので 1つのㄹが脱落します。

	例 文	🔊 041

다음에는 꼭 합격할 거야.
タ ウ メ ヌン　コㇰ　ハㇷ キョ カル　コ ヤ
➡ 次は必ず合格するつもりだ。

내일은 더울 거야.
ネ イ ルン　ト ウル　コ ヤ
➡ 明日は暑いだろう。

101

文法 042　　　　　　　　　　　　　　　　　　　　推測

ㄹ/을 거 같아요

ル/ウル コ カタヨ

〜すると思います、
〜だと思います

しるこ買ったよ。家で休むと思います

おばあさんがおしるこ屋で、たくさんのおしるこを買いました。これで家でもゆっくり休めると思うと言っています。ㄹ 거 같아요は未来の事柄に対する推測です。ㄹ 거예요も「〜するつもりです」と似た意味になりますが、ㄹ 거 같아요が60%ならㄹ 거예요は80%根拠のある推測をイメージさせます。

つい単　쉬다=休む

 こんぶPOINT

ㄹ 거 같아요の거は会話で使う形です。試験できちんと書くときはㄹ 것 같아요と것と書かなければいけません。ただ、日常ではパッチムが取れて거と書いたり発音したりします。

| 作り方 | 🔊 042 |

パッチム確認 + **ㄹ/을 거 같아요** をくっつける

	基本形	パッチム確認 + ㄹ/을 거 같아요	意味
パッチムの ない単語	사다 (買う) →	살 거 같아요 =	買うと 思います
	기쁘다 (嬉しい) →	기쁠 거 같아요 =	嬉しいと 思います
パッチムの ある単語	받다 (もらう) →	받을 거 같아요 =	もらうと 思います
	많다 (多い) →	많을 거 같아요 =	多いと 思います
パッチムが ㄹの単語は 例外	만들다 (作る) →	만들 거 같아요 ※ =	作ると 思います

※다の前にㄹパッチムのある単語はㄹパッチムで始まる語尾がくると、パッチムがㄹㄹと重なるので
1つのㄹが脱落します。

| 例 文 | 🔊 042 |

내일은 비가 올 거 같아요.
ネ イ ルン　ビ ガ　オル　コ　カ タ ヨ
→ 明日は雨が降ると思います。

후추를 넣으면 더 맛있을 거 같아요.
フ チュ ルル　ノ ウ ミョン　ト　マ シッ スル　コ　カ タ ヨ
→ コショウを入れたら、もっとおいしいと思います。

文法 043　　　　　　　　　　　　　　　　　勧誘、推量

ㄹ/을까?
ル/ウルカ

〜しようか?、〜かな?

もう春か…何しようか?

春になったら新しいことを始めたくなりますよね。女の子が「もう春か…何しようか?」とモグラに聞いています。ㄹ까?というのは、相手に何をしようかと意志を聞く表現です。でも、そこに自分が何をしようかすでに考えもあるという意味を含んでいます。

つい単　하다=する

 こんぶPOINT

요をつけてㄹ까요?と言えば丁寧に「〜しましょうか?」という表現になります。意味はたくさんありますが、まずは相手の意向を尋ねる文章から練習するとわかりやすいです。

作り方	◀) 043

| パッチム確認 | **+** | ㄹ/을까? | をくっつける |

	基本形	パッチム確認 + ㄹ/을까	意味
パッチムの ない単語	나가다 （外出する） ➡	나갈**까?** =	外出しよう か？
	바쁘다 （忙しい） ➡	바쁠**까?** =	忙しいか な？
パッチムの ある単語	앉다 （座る） ➡	앉을**까?** =	座ろうか？
	재미있다 ➡ （おもしろい）	재미있을**까?** =	おもしろい かな？
パッチムが ㄹの単語は 例外	놀다 （遊ぶ） ➡	놀**까?**※ =	遊ぼうか？

※다の前にㄹパッチムのある単語はㄹパッチムで始まる語尾がくると、パッチムがㄹㄹと重なるので
1つㄹが脱落します。

例文	◀) 043

점심에 삼계탕 먹을까?
チョム シ メ　サム ゲ タン　モ グル カ
➡ お昼にサムゲタン食べようか？

이 옷은 나한테는 좀 작을까?
イ　オ スン　ナ ハン テ ヌン　チョム　チャ グル カ
➡ この服は私には少し小さいかな？

文法 044　　　軽い勧誘、聞き手の意志を尋ねる

ㄹ/을래?
ル/ウルレ

～する？

インドカレー食べに、インド行く？

日本人の彼氏が韓国人の彼女にインドカレーと言っていますが、彼女はインドに行くのかと誘われたと思ったようです。というのもカレーというのは갈래?に似た発音で、軽い勧誘であったり相手の意志を尋ねるときに使う表現だからです。インドの代わりに他の地名を入れれれば、いつでも旅行に誘えます。形容詞には使えません。

つい単　가다=行く

こんぶPOINT

요をつけてㄹ래요?にすれば「～しますか？」と丁寧に尋ねることができます。似た語尾のㄹ까요?もほぼ似た意味ですが、ㄹ래요?の方が相手に選択権がある感じがします。

	作り方	🔊 044

パッチム確認 + **ㄹ/을래?** をくっつける

	基本形	パッチム確認 + ㄹ/을래		意味
パッチムの ない単語	오다 (来る)	➡	올래? ≡	来る?
	여행하다 (旅行する)	➡	여행할래? ≡	旅行する?
パッチムの ある単語	찾다 (探す)	➡	찾을래? ≡	探す?
	읽다 (読む)	➡	읽을래? ≡	読む?
パッチムが ㄹの単語は 例外	살다 (暮らす)	➡	살래?※ ≡	暮らす?

※다の前にㄹパッチムのある単語はㄹパッチムで始まる語尾がくると、パッチムがㄹㄹと重なるので
　1つのㄹが脱落します。

	例 文	🔊 044

다음 주에 영화 보러 갈래?
タ　ウム　チュ エ　ヨンファ　ボ ロ　カルレ
➡ 来週、映画見に行く?

오늘 점심에 마라탕 먹을래?
オ ヌル　チョムシ メ　マ ラ タン　モ グルレ
➡ 今日のお昼にマーラータン食べる?

第1章　動詞・形容詞にくっつく文法　パッチム確認

107

文法 045　　　　　　　　　　　　　　　　意志、約束

ㄹ/을게요
ル/ウルケヨ　　　　　〜しますから

キャー！　サルの毛よ！　買いますから!!

サルが大好きな女の子が、「抜けたサルの毛を買いますから!!」と大喜びで言っています。自分の意思表示をするときには、ㄹ게요を使います。地下鉄の中で人が多くて降りられないとき、「내릴게요=降りますから」と言えばみんな道を開けてくれます。意思表示が大切な韓国では必須の表現です。形容詞には使えません。

つい単　사다=買う

こんぶPOINT

ㄹ게요の発音は[ㄹ께요]で、게が[께]と濃音になります。そのため、韓国人はSNSで発音通りㄹ께요と書く人も多いです。ただ、試験などではㄹ게요と書かないと間違いになります。

作り方　　　🔊 045

| パッチム確認 | + | ㄹ/을게요 | をくっつける |

	基本形	パッチム確認 + ㄹ/을게요		意味
パッチムの ない単語	가다 (行く)	➡	갈게요	=	行き ますから
	일하다 (働く)	➡	일할게요	=	働き ますから
パッチムの ある単語	먹다 (食べる)	➡	먹을게요	=	食べ ますから
	닫다 (閉める)	➡	닫을게요	=	閉め ますから
パッチムが ㄹの単語は 例外	열다 (開ける)	➡	열게요※	=	開け ますから

※다の前にㄹパッチムのある単語はㄹパッチムで始まる語尾がくると、パッチムがㄹㄹと重なるので
　1つㄹが脱落します。

例文　　　🔊 046

그 일은 제가 할게요.
ク　イ ルン　チェ ガ　ハル ケ ヨ

➡ その仕事は私がしますから。

자,여기를 보세요. 사진 한 장 찍을게요.
チャ　ヨ ギ ル ル　ポ セ ヨ　　サ ジン　ハン　ジャン　チ グル ケ ヨ

➡ さあ、こちらを見てください。写真1枚撮りますね。

文法 046　　　　　　　　　　不確実で確信がない推測

ㄹ/을지도 몰라요
ル/ウルチド モルラヨ

〜するかも しれません

夜、自動モーターよ。だから開くかもしれません

韓国旅行でアイドルグループの事務所の前に来ました。でも、事務所のドアは閉まったままで開きません。そこに韓国に何度も来ている友だちが、夜はドアが自動モーターで開くかもしれないと教えてくれました。ㄹ지도 몰라요というのは不確実な推測をいいます。友だちが合っているかは謎。発音は[ㄹ찌도 몰라요]です。

つい単　열다=開く

こんぶPOINT

動詞にも形容詞にも使えます。ㄹパッチムのある動詞や形容詞はㄹパッチムの前でㄹが脱落します。たとえば「멀다=遠い」の場合、멀을지도 몰라요ではなく、멀지도 몰라요になります。

作り方 🔊 046

| パッチム確認 | **+** | ㄹ/을지도 몰라요 | をくっつける |

	基本形	パッチム確認 + ㄹ/을지도 몰라요	意味
パッチムの ない単語	기다리다 (待つ)	➡ 기다릴지도 몰라요 **=**	待つかも しれません
	바쁘다 (忙しい)	➡ 바쁠지도 몰라요 **=**	忙しいかも しれません
パッチムの ある単語	웃다 (笑う)	➡ 웃을지도 몰라요 **=**	笑うかも しれません
	재미없다 (おもしろくない)	➡ 재미없을지도 몰라요 **=**	おもしろくないかも しれません
パッチムが ㄹの単語は 例外	힘들다 (大変だ)	➡ 힘들지도 몰라요 ※ **=**	大変かも しれません

※다の前にㄹパッチムのある単語はㄹパッチムで始まる語尾がくると、パッチムがㄹㄹと重なるので
1つのㄹが脱落します。

例文 🔊 046

저도 같이 갈지도 몰라요.
チョ ド　カ チ　カルチ ド　モル ラ ヨ

➡ 私も一緒に行くかもしれません。

다음 한국어 시험은 어려울지도 몰라요.
タ ウム　ハン グ ゴ　シ ホ ムン　オ リョ ウル チ ド　モル ラ ヨ

➡ 今度の韓国語の試験は難しいかもしれません。

文法 047　　　　　　　　　　　行動や状況が起こる時

ㄹ/을 때

ル/ウル テ

〜するとき、〜なとき

混ぜるとき、びびる手

韓国でビビンバを食べていますが、初めての体験で、混ぜるとき手がぶるぶる震えます。びびる手になっています。丼物を混ぜることに抵抗があるのかもしれません。テレビや映像で何度見たことがあったとしても、いざ自分が初めてするときは手がびびる手になります。ㄹ 때というのは行動や状態が起こるときを表します。

　　　　　　　　　　　　　　　つい単　비비다=混ぜる

 こんぶPOINT

動詞だけでなく、形容詞にも使えます。服屋で「サイズが小さいときは交換します」という場面で「小さいとき=작을 때」と言います。

| | 作り方 | | 🔊 047 |

パッチム確認 + ㄹ/을 때 をくっつける

	基本形	パッチム確認 + ㄹ/을 때		意味
パッチムの ない単語	가다 （行く） ➡	갈 때	＝	行くとき
	예쁘다 （きれいだ） ➡	예쁠 때	＝	きれいなとき
パッチムの ある単語	먹다 （食べる） ➡	먹을 때	＝	食べるとき
	적다 （少ない） ➡	적을 때	＝	少ないとき
パッチムが ㄹの単語は 例外	만들다 （作る） ➡	만들 때 ※	＝	作るとき

※다の前にㄹパッチムのある単語はㄹパッチムで始まる語尾がくると、パッチムがㄹㄹと重なるので
　1つのㄹが脱落します。

| | 例 文 | | 🔊 047 |

한국에 갈 때 연락할게요.
ハン　グ　ゲ　カル　テ　ヨル　ラ　カル　ケ　ヨ

➡ 韓国に行くとき、連絡しますね。

양이 적을 때는 말씀하세요.
ヤン　イ　チョ　グル　テ　ヌン　マル　ス　マ　セ　ヨ

➡ 量が少ないときは、おっしゃってください。

文法 048　　　　　　　　　　　心配しながらの推測

ㄹ/을까 봐
ル/ウルカ ボァ　　～するかと思って、～だと思って

痛いかと思ってとアップルカバーをかける

リンゴ農園のおじさんがリンゴが外敵や雨風に当たり痛いかと思って、アップルカバーをつけています。1つひとつのリンゴの心配をして、やさしいおじさんですね。ㄹ까 봐というのは何かが起きそうで心配になったときに使います。そのため、後ろには「걱정이에요=心配です」など心配を表現する言葉がきます。動詞にも形容詞にも使えます。

つい単　아프다=痛い

こんぶPOINT

心配事は常にリンゴにカバーをかけるイメージで、ㄹ까 봐を覚えておきましょう。韓国の保育園や幼稚園の先生、親は心配事が多いのでㄹ까 봐を使ってよく会話しています。

| | | 作り方 | 🔊 048 |

| パッチム確認 | **+** | ㄹ/을까 봐 | をくっつける |

	基本形	パッチム確認 + ㄹ/을까 봐	意味
パッチムの ない単語	자다 （寝る）	➡ 잘**까 봐**	= 寝る かと思って
	크다 （大きい）	➡ 클**까 봐**	= 大きい かと思って
パッチムの ある単語	속다 （騙される）	➡ 속**을까 봐**	= 騙される かと思って
	맛없다 （まずい）	➡ 맛없**을까 봐**	= まずい かと思って
パッチムが ㄹの単語は 例外	힘들다 （大変だ）	➡ 힘들**까 봐**[※]	= 大変だと 思って

※다の前にㄹパッチムのある単語はㄹパッチムで始まる語尾がくると、パッチムがㄹㄹと重なるので
　1つㄹが脱落します。

| | | 例 文 | 🔊 048 |

살이 찔까 봐 조금만 먹어요.
サ　リ　チルカ　ボァ　チョグムマン　モ　ゴ　ヨ
➡ 太るかと思って、少しだけ食べます。

막차를 못 탈까 봐 뛰어갔어요.
マクチャルル　モッ　タルカ　ボァ　トゥィオ　オ　ガッソ　ヨ
➡ 終電に乗れないかと思って走って行きました。

文法 049　　　　　　　　　　　　　　躊躇、ためらい

ㄹ/을까 말까

ル/ウルカ マルカ

〜しようかしまいか、
〜しようかやめようか

サルか丸か、買おうか買うまいか

韓国の服屋でサルの絵のTシャツと、丸の絵のTシャツを手に持っています。斬新なデザインですが、これを日本に持って帰って着ている自分が想像できなくて、買おうか買うまいか迷っているところです。ㄹ까 말까の後半の말까は「말다=やめる」という単語からきています。ある動作についての躊躇なので、形容詞には使えません。

ついで単　사다=買う

 こんぶPOINT

ㄹ까 말까は行動を躊躇している表現なので、後半の文は「고민하다=悩む」や「생각하다=考える」といった動詞がくることが多いです。生活の中でよく使う表現です。

	作り方　動詞のみ	🔊 049

パッチム確認 ＋ ㄹ/을까 말까 をくっつける

	基本形	パッチム確認 ＋ ㄹ/을까 말까	意味
パッチムの ない単語	**가다** (行く)	➡ **갈까 말까**	＝ 行こうか 行くまいか
	말하다 (言う)	➡ **말할까 말까**	＝ 言おうか 言うまいか
パッチムの ある単語	**받다** (もらう)	➡ **받을까 말까**	＝ もらおうか もらうまいか
	씻다 (洗う)	➡ **씻을까 말까**	＝ 洗おうか 洗うまいか
パッチムが ㄹの単語は 例外	**놀다** (遊ぶ)	➡ **놀까 말까**※	＝ 遊ぼうか 遊ぶまいか

※다の前にㄹパッチムのある単語はㄹパッチムで始まる語尾がくると、パッチムがㄹㄹと重なるので 1つㄹが脱落します。

	例文	🔊 049

그 남자를 만날까 말까 생각 중이에요.
ク　ナム ジャルル　マン ナル カ　マル カ　セン ガッ　チュン イ　エ　ヨ

→ その男に会おうか会うまいか考え中です。

병원에 갈까 말까 고민 중이에요.
ビョンウォ ネ　カル カ　マル カ　コ ミン　ジュン イ　エ　ヨ

→ 病院に行こうか行くまいか悩み中です。

117

文法 050　　残念・不満な感情の入った推測

ㄹ/을 텐데
ル/ウル テンデ

〜だろうに、〜はずなのに

雨天で、泣くだろうに

運動会の日の朝、雨が降っています。今日は中止になるでしょうか？ お母さんがお弁当を詰めながら、今日は雨天で子どもが泣くだろうと残念な気持ちでいます。子どもはまだ夢の中です。ㄹ 텐데は残念だったり、不満だったりする感情の入った推測の意味です。雨を見て子どもがどう思うかを想像しながら言っているんですね。

> つい単　울다=泣く

 こんぶPOINT

動詞にも形容詞にも使えます。요をつけてㄹ 텐데요で「〜するでしょうに」と丁寧な表現になります。ㄹ 텐데は日本語にぴったり合うものがないですが、何回も聞くと感覚がわかります。

作り方　🔊 050

| パッチム確認 | **＋** | ㄹ/을 텐데 | をくっつける |

	基本形	パッチム確認 + ㄹ/을 텐데		意味
パッチムの ない単語	화내다 （怒る）	→	화낼 텐데	=	怒る だろうに
	예쁘다 （きれいだ）	→	예쁠 텐데	=	きれい だろうに
パッチムの ある単語	먹다 （食べる）	→	먹을 텐데	=	食べる だろうに
	멋있다 （かっこいい）	→	멋있을 텐데	=	かっこいい だろうに
パッチムが ㄹの単語は 例外	알다 （知る）	→	알 텐데 ※	=	知っている だろうに

※다の前にㄹパッチムのある単語はㄹパッチムで始まる語尾がくると、パッチムがㄹㄹと重なるので
　1つㄹが脱落します。

例文　🔊 050

나도 쉬는 날이면 같이 갈 텐데.
ナ ド　シュィ ヌン　ナ リ ミョン　カ チ　カル　テン デ

➡ 私も休みの日なら一緒に行くんだけど。

이를 뽑으면 아플 텐데.
イ ルル　ポ ブ ミョン　ア プル　テン デ

➡ 歯を抜いたら痛いだろうに。

文法 051　　　　　　　　　　　　　　　　　　　推量、推測

ㄹ/을걸

ル/ウルコル

〜すると思うよ、〜だと思うよ

アルコールって知ってると思うよ

韓国で居酒屋に行くことにしました。隣のテーブルで飲んでいる友だちはお酒を飲めないはずなのに、飲もうとしています。心配していると、友だちがアルコールって知っていると思うよと言ってくれました。このㄹ걸というのは、推測をいうのですが、少し自信のない推測です。たぶんそうだと思うんだけど……という程度です。

つい単　알다=知る

 こんぶPOINT

動詞にも形容詞にも使えます。요をつけて、ㄹ걸요といえば丁寧に「〜すると思いますよ」「〜だと思いますよ」になります。このときの実際の発音は[ㄹ껄료]となります。

| | 作り方 | ◀ 051 |

| パッチム確認 | **+** | ㄹ/을걸 | をくっつける |

	基本形	パッチム確認 + ㄹ/을 걸		意味
パッチムの ない単語	모르다 (知らない) →	모를걸	═	知らないと 思うよ
	아프다 (痛い) →	아플걸	═	痛いと 思うよ
パッチムの ある単語	남다 (残る) →	남을걸	═	残ると思うよ
	맛있다 (おいしい) →	맛있을걸	═	おいしいと 思うよ
パッチムが ㄹの単語は 例外	팔다 (売る) →	팔걸 ※	═	売ると思うよ

※다の前にㄹパッチムのある単語はㄹパッチムで始まる語尾がくると、パッチムがㄹㄹと重なるので 1つㄹが脱落します。

| | 例 文 | ◀ 051 |

공항에 내리면 줄걸.
コン ハン エ　ネ リ ミョン　チュル コル
→ 空港に降りたらくれると思うよ。

조카는 한글을 쓸 수 있을걸.
チョ カ ヌン　ハン グ ルル　スル　ス　イ ッスル コル
→ 甥っ子はハングルを書けると思うよ。

文法 052　　　　　　　　　　　　　意味の強調、前提

ㄹ/을 바에야

ル/ウル パエヤ

〜するからには、
〜するくらいなら

インスタをするからには、はる！映えや

はるちゃんという女の子が、Instagramを始めようとしています。SNSをよく知っている友だちが、「するからには、はるちゃん、インスタ映えや」と教えています。ㄹ 바에야というのは、どうせするならこういう選択をしたらというときに使います。実際の発音は[ㄹ 빠에야]となります。

つい単　하다＝する

こんぶPOINT

形容詞には使えません。イラストの意味以外にも、「〜するくらいなら（これをしたほうがマシだ）」という意味もあります。ㄹ 바에야の야は省略することができます。

| | | 作り方 | 🔊 052 |

| パッチム確認 | **+** | ㄹ/을 바에야 | **をくっつける** |

	基本形	パッチム確認 + ㄹ/을 바에야		意味
パッチムの ない単語	**가다** (行く)	➡	**갈 바에야**	=	行く からには
	사다 (買う)	➡	**살 바에야**	=	買う からには
パッチムの ある単語	**먹다** (食べる)	➡	**먹을 바에야**	=	食べる からには
	입다 (着る)	➡	**입을 바에야**	=	着る からには
パッチムが ㄹの単語は 例外	**벌다** (稼ぐ)	➡	**벌 바에야**※	=	稼ぐ からには

※다の前にㄹパッチムのある単語はㄹパッチムで始まる語尾がくると、パッチムがㄹㄹと重なるので
1つㄹが脱落します。

| | 例 文 | 🔊 052 |

한 달 권을 끊을 바에야 일 년 권 끊어요.
ハン　ダル　クォヌル　クヌル　パ エ ヤ　イル　リョン　クォン　ク ノ ヨ
➡ 1か月券を買うのなら、1年券を買います。

이걸 살 바에야 직접 만드는 게 낫지.
イ ゴル　サル　パ エ ヤ　チッチョプ　マン ドゥ ヌン　ゲ　ナッ チ
➡ これを買うくらいなら手作りしたほうがマシでしょ。

文法 053　　　　　価値や能力がある

ㄹ/을 만해
ル/ウル マネ　　～する価値がある、～するに値する

サル真似してでも、買う価値がある

韓国に行って、「これは買うべき！」というものは何ですか？　それを韓国語では「買う価値がある」と表現します。イラストは韓国に行って男性が化粧品を買っています。いつもは買わないので気恥ずかしくてサル真似をしています。でも買う価値があるからそこまでして買うんですよね。ちなみに韓国人はよく日本で薬を買って帰ります。

つい単　사다=買う

 こんぶPOINT

日本語で「～する価値がある」というと違和感がありますが、韓国語では日常会話でよく使います。「먹을 만해?=食べる価値がある?」は、つまり「おいしい?」です。

作り方	🔊 053

パッチム確認 **+** ㄹ/을 만해 をくっつける

	基本形	パッチム確認 + ㄹ/을 만해		意味
パッチムの ない単語	사다 (買う)	➡	살 만해 =	買う価値が ある
	보다 (見る)	➡	볼 만해 =	見る価値が ある
パッチムの ある単語	먹다 (食べる)	➡	먹을 만해 =	食べる価値 がある
	믿다 (信じる)	➡	믿을 만해 =	信じる価値 がある
パッチムが ㄹの単語は 例外	살다 (暮らす)	➡	살 만해 ※ =	暮らす価値 がある

※다の前にㄹパッチムのある単語はㄹパッチムで始まる語尾がくると、パッチムがㄹㄹと重なるので 1つㄹが脱落します。

例文	🔊 053

이 마스크팩은 살 만해요.
イ　　マスク　ペグン　サル　　マ　ネ　ヨ

→ このパックは買う価値があります。

이번 영화는 볼 만해요?
イ　ボン　ヨンファヌン　ポル　　マ　ネ　ヨ

→ 今回の映画は見る価値がありますか?

文法 054　　　　　　　　　　　　　　　　　　　　限定

ㄹ/을 뿐
ル/ウル プン　　　　〜するだけ、〜するのみ

ガールはプンと行くだけ

彼女はわざと怒っているのか、すねているのか、プンと前を向いて行くだけです。韓国人女性の恋愛の駆け引きは、こんなガールのようにプンと行くだけで、うまく男性を惹きつけているような気がします。ㄹ 뿐というのは「〜するだけ」という限定する意味ですが「ㄹ 뿐이에요＝〜するだけです」と文末語尾でよく使われます。

つい単　가다＝行く

 こんぶPOINT

뿐も만も「だけ」という限定を意味しますが、뿐は「のみ」、만は「だけ」というイメージです。뿐は만より硬く、語尾に多く出てきます。만は会話でよく使われ文の途中に多く出てきます。

作り方　🔊 054

| パッチム確認 | **+** | ㄹ/을 뿐 | をくっつける |

	基本形	パッチム確認 + ㄹ/을 뿐	意味
パッチムの ない単語	기다리다 (待つ)	➡	기다릴 **뿐**	=	待つだけ
	아프다 (痛い)	➡	아플 **뿐**	=	痛いだけ
パッチムの ある単語	믿다 (信じる)	➡	믿을 **뿐**	=	信じるだけ
	적다 (少ない)	➡	적을 **뿐**	=	少ないだけ
パッチムが ㄹの単語は 例外	울다 (泣く)	➡	울 **뿐**※	=	泣くだけ

※다の前にㄹパッチムのある単語はㄹパッチムで始まる語尾がくると、パッチムがㄹㄹと重なるので
　1つㄹが脱落します。

例文　🔊 054

이렇게 혼자서 살아갈 뿐이다.
イ　ロ　ケ　　ホン ジャ ソ　　サ ラ ガル　　ブ　ニ　ダ
➡ こうして一人で生きていくだけだ。

그저 마음이 아플 뿐이에요.
ク ジョ　マ ウ ミ　　ア プル　　ブ　ニ　エ　ヨ
➡ ただ心が痛いだけです。

127

文法 055　　　　　　　　　　　　　　動作の後で

ㄴ/은 후에
ン/ウン フエ

〜した後に、〜した後で

走った後に、ダーリン笛

マラソンを走り終わった後に、ダーリンが笛でお祝いしてくれました。走った後の
ダーリンの笛で疲れも吹っ飛びます！　ㄴ 후에は何かの行動を「した後に（で）」
という意味で、時間的な順序を説明することができます。「チェックインした後に
→観光します」「鍋を食べた後に→雑炊を作ります」というふうに使います。

つい単　달리다＝走る

 こんぶPOINT

形容詞には使えません。ㄴ 후에の에を省略してㄴ 후の形でもよく使います。日本語でも「〜
した後に」を「〜した後」と言うのと同じです。후の代わりに뒤(後)や다음(次)も使えます。

| | 作り方 | ◀) 055 |

パッチム確認 + ㄴ/은 後에 をくっつける

	基本形	パッチム確認 + ㄴ/은 後에	意味
パッチムの ない単語	마시다 (飲む)	➡ 마신 後에	= 飲んだ 後に
	갈아타다 (乗り換える)	➡ 갈아탄 後에	= 乗り換え た後に
パッチムの ある単語	먹다 (食べる)	➡ 먹은 後에	= 食べた 後に
	갈아입다 (着替える)	➡ 갈아입은 後에	= 着替え た後に
パッチムが ㄹの単語は 例外	울다 (泣く)	➡ 운 後에 ※	= 泣いた 後に

※다の前にㄹパッチムのある単語はㄴの前でㄹが脱落します。

| | 例 文 | ◀) 055 |

밥을 먹은 後에 커피를 마셨어요.
パ ブル モ グン フ エ コ ピ ルル マ ショッソ ヨ
→ ご飯を食べた後にコーヒーを飲みました。

집에 도착한 後에 생각이 났어요.
チ ベ ト チャカン フ エ センガ ギ ナ ッソ ヨ
→ 家に到着した後で思い出しました。

文法 056　　　　　　　　　　　　行動や状態の保持

ㄴ/은 채로
ン/ウン チェロ　　　～したままで

デュンにチェロをあげたままで

韓国の留学生ヂュン君にチェロを貸してあげたまま、数日が経っていました。返してもらおうと思ったのですが、あまりのうまさに返してと言えずそのままです。何かの行動や状態がそのまま続いているというとき、ㄴ 채로を使います。ちなみに、楽器のチェロは첼로です。チェロが家にあっても、置いたままになりそうですね。

（つい単） 주다＝あげる

こんぶPOINT

主に動詞につくことが多いです。日本語でも「したままで」の「で」を省略できるように、韓国語もㄴ 채로の로を省略できます。

作り方	◀)) 056

パッチム確認 + ㄴ/은 채로 をくっつける

	基本形	パッチム確認 + ㄴ/은 채로	意味
パッチムの ない単語	가다 (行く) →	간 채로 =	行った ままで
	빌리다 (借りる) →	빌린 채로 =	借りた ままで
パッチムの ある単語	입다 (着る) →	입은 채로 =	着たままで
	묶다 (しばる) →	묶은 채로 =	しばった ままで
パッチムが ㄹの単語は 例外	들다 (持つ) →	든 채로 =	持った ままで

※다の前にㄹパッチムのある単語はㄴの前でㄹが脱落します。

例文	◀)) 056

안경을 쓴 채로 잠이 들었어요.
アン ギョン ウル　スン　チェ　ロ　チャ ミ　トゥ ロ ッソ　ヨ
→ 眼鏡をかけたままで眠りました。

찜질방은 옷을 입은 채 들어가요.
チム ジル バン ウン　オ ス ル　イ ブン　チェ　トゥ ロ　ガ　ヨ
→ チムジルバンは服を着たまま入ります。

131

文法 **057** 推量、断定しない遠回しな表現

ㄴ/은 것 같고
ン/ウン ゴッ カッコ

〜したみたいだし

看護学校行ったみたいだし

久しぶりに高校の友だちと会って、カフェでおしゃべりをしています。その場にいないA子について、最近看護学校に行ったみたいだし……と推測しています。断定できないけど、自分はこう考えるという意味です。形容詞にも使えますが、動詞と時制が違うので、まずは動詞だけで練習しましょう！

つい単 가다=行く

 こんぶPOINT

最後の고を다に変えてㄴ 것 같다で基本の形の「〜したみたいだ」になります。動詞で「〜するみたいだし」と現在形で言うには、「そのまま+는 것 같고」です。

作り方	🔊 057

パッチム確認 + **ㄴ/은 것 같고** をくっつける

	基本形	パッチム確認 + ㄴ/은 것 같고		意味
パッチムの ない単語	오다 (来る)	➡	온 것 같고	=	来た みたいだし
	지내다 (過ごす)	➡	지낸 것 같고	=	過ごした みたいだし
パッチムの ある単語	먹다 (食べる)	➡	먹은 것 같고	=	食べた みたいだし
	참다 (我慢する)	➡	참은 것 같고	=	我慢した みたいだし
パッチムが ㄹの単語は 例外	놀다 (遊ぶ)	➡	논 것 같고 [※]	=	遊んだ みたいだし

※다の前にㄹパッチムのある単語はㄴの前でㄹが脱落します。

例文	🔊 057

짐도 다 챙긴 것 같고 이제 출발하자.
チム ド タ チェンギン ゴッ カッ コ イ ジェ チュル バ ラ ジャ
➡ 荷物も全部用意できたみたいだし、もう出発しよう。

배추김치도 다 팔린 것 같고 잘됐네.
ペ チュ ギム チ ド タ パル リン ゴッ カッ コ チャルドェン ネ
➡ 白菜キムチも全部売れたみたいだし、よかったね。

133

文法 058　　　　望ましくない結果の原因や理由

ㄴ/은 탓에
ン/ウン タセ

〜したせいで

サンタが買ったせいで

サンタがおもちゃを全部買ったせいで、商品がなくなってお店の人が困っています。サンタがクリスマス直前に足りないプレゼントを爆買いしたようです。品切れは、サンタのせいですね。望ましくない結果の原因や理由はㄴ 탓에で表します。動詞は「〜したせいで」と過去形ですが、形容詞は「〜なせいで」と現在形です。

つい単　사다＝買う

こんぶPOINT

動詞で「〜するせいで」と現在形にするには、「そのまま+는 탓에」で作れます。たとえば、「買うせいで=사는 탓에」「着るせいで=입는 탓에」というふうにします。

| | | 作り方 | 🔊 058 |

| パッチム確認 | ＋ | ㄴ/은 탓에 | をくっつける |

	基本形	パッチム確認 ＋ ㄴ/은 탓에		意味
パッチムの ない単語	가다 (行く)	➡	간 탓에	＝ 行った せいで
	바쁘다 (忙しい)	➡	바쁜 탓에	＝ 忙しい せいで
パッチムの ある単語	먹다 (食べる)	➡	먹은 탓에	＝ 食べた せいで
	적다 (少ない)	➡	적은 탓에	＝ 少ない せいで
パッチムが ㄹの単語は 例外	울다 (泣く)	➡	운 탓에 ※	＝ 泣いた せいで

※다の前にㄹパッチムのある単語はㄴの前でㄹが脱落します。

| | | 例 文 | 🔊 058 |

길을 잃어버린 탓에 버스를 놓쳤어요.
キ ルル　イ ロ ボ リン　タ セ　ポ スルル　ノ チョッソ ヨ
➡ 道に迷ったせいで、バスに乗り遅れました。

설날에 많이 먹은 탓에 몸무게가 늘었어요.
ソル ラ レ　マ ニ　モ グン　タ セ　モム ム ゲ ガ　ヌ ロッソ ヨ
➡ お正月にたくさん食べたせいで、体重が増えました。

文法 059　　　　　　　　　　　　　　　　　　　　　　きっかけ

ㄴ/은 김에
ン/ウン ギメ

〜したついでに

プサン（釜山）行ったついでに勘でキメ（金海）

プサン旅行にやってきました。プサンに来たついでに、勘でキメも旅行しようとしています。日本からプサンへの直行便はキメ市にあるキメ空港に降り立ちます。プサンが目的だとなかなかキメまで観光できないものですが、ぜひ行ったついでに勘でキメにも！　ちなみに、ㄴ 김에の発音はギメと濁ります。

ついで単　가다＝行く

こんぶPOINT

形容詞には使えません。現在形で「〜するついでに」というときは「そのまま+는 김에」です。「行くついでに」は「가는 김에」、「食べるついでに」は「먹는 김에」といいます。

136

| | 作り方 | 🔊 059 |

パッチム確認 + **ㄴ/은 김에** をくっつける

	基本形	パッチム確認 + ㄴ/은 김에	意味
パッチムのない単語	오다 (来る) →	온 김에 =	来た ついでに
	나가다 (出る) →	나간 김에 =	出た ついでに
パッチムのある単語	먹다 (食べる) →	먹은 김에 =	食べた ついでに
	입다 (着る) →	입은 김에 =	着た ついでに
パッチムが ㄹ の単語は 例外	만들다 (作る) →	만든 김에 =	作った ついでに

※다の前にㄹパッチムのある単語はㄴの前でㄹが脱落します。

| | 例文 | 🔊 059 |

목욕탕에 간 김에 편의점에 들렀어요.
モ ギョクタン エ カン ギ メ ビョ ニ ジョ メ トゥル ロ ッソ ヨ

→ 銭湯に行ったついでにコンビニに立ち寄りました。

한국어 책을 산 김에 영어 책도 샀어요.
ハン グ ゴ チェ グル サン ギ メ ヨン オ チェク ト サ ッソ ヨ

→ 韓国語の本を買ったついでに英語の本も買いました。

第1章 動詞・形容詞にくっつく文法 パッチム確認

137

文法 060　　　　　　　　　　　動作完了後の時間の経過

ㄴ/은지

ン/ウンジ

〜してから

漢字(かんじ)塾に行ってから3か月

韓国の大学生が漢字塾に行ってから3か月でかなり読み書きできるようになりました。「漢字（かんじ）」の「んじ」は「〜してから」という、行動が完了してからの時間をいいます。実際、韓国の大学生は夏休みなどに漢字の授業を受け、数か月でかなり上達しますが、ハングルで発音はわかっていても漢字を知らない若者はたくさんいます。

つい単　가다=行く

こんぶPOINT

形容詞には使えません。形容詞にㄴ지をくっつける文法はありますが、そのときは「〜なのか」という違う意味に（P140）。「動詞+ㄴ지」の後は時間や期間を表す言葉がきます。

作り方		🔊 060

パッチム確認 + **ㄴ/은지** をくっつける

	基本形	パッチム確認 + ㄴ/은지		意味
パッチムの ない単語	공부하다 （勉強する）	➡	공부한지	=	勉強して から
	다니다 （通う）	➡	다닌지	=	通ってから
パッチムの ある単語	먹다 （食べる）	➡	먹은지	=	食べてから
	낳다 （産む）	➡	낳은지	=	産んでから
パッチムが ㄹの単語は 例外	살다 （住む）	➡	산지 ※	=	住んでから

※다の前にㄹパッチムのある単語はㄴの前でㄹが脱落します。

例文	🔊 060

데뷔한지 10⁽십⁾년이 됐어요.
テ ビュィハン ジ　　シム ニョ ニ　ドェッ ソ　ヨ
→ デビューしてから10年になりました。

한국에 온지 3⁽삼⁾년이 지났어요.
ハン グ ゲ　オン ジ　　サム ニョ ニ　　チ ナッソ ヨ
→ 韓国に来てから3年が過ぎました。

第1章 動詞・形容詞にくっつく文法 パッチム確認

139

文法 061　　　　　　　　　　　　文中での不確かな疑問

ㄴ/은지
ン/ウンジ

〜いのか、〜なのか

かわいい<u>のか</u>、1分んじー

彼氏が通りすがりの女の子がかわいいのか、1分じーっと目を奪われています。それに怒っている彼女です。何がかわいいのか知らないけれど、という推測が入っています。そういう頭の中の「〜なのか」を ㄴ지で表します。ちなみに、**예쁘다**がもとは正しい単語でしたが**이쁘다**も2015年に標準語に認められました。

つい単　이쁘다＝かわいい、きれいだ

 こんぶPOINT

形容詞にのみ使います。動詞で「〜するのか」というときは、「そのまま+는지」です。「가는지=行くのか」「입는지=着るのか」となります。

作り方　🔊 061

| パッチム確認 | **+** | ㄴ/은지 | をくっつける |

	基本形	パッチム確認 + ㄴ/은지		意味
パッチムの ない単語	**크다** （大きい）	➡	**큰지**	**=** 大きいのか
	쓰다 （苦い）	➡	**쓴지**	**=** 苦いのか
パッチムの ある単語	**좁다** （狭い）	➡	**좁은지**	**=** 狭いのか
	낮다 （低い）	➡	**낮은지**	**=** 低いのか
パッチムが ㄹの単語は 例外	**달다** （甘い）	➡	**단지**※	**=** 甘いのか

※다の前にㄹパッチムのある単語はㄴの前でㄹが脱落します。

例文　🔊 061

얼마나 바쁜지 밥을 한 끼도 못 먹었어요.
オルマナ　パップンジ　パブル　ハン　キド　モン　モゴッソヨ
➡ どれほど忙しいのか、ご飯を一食も食べられませんでした。

이 과자가 왜 이렇게 비싼지 알아요?
イ　クァジャガ　ウェ　イロケ　ピッサンジ　アラヨ
➡ このお菓子が何でこんなに高いのかわかりますか?

141

文法 062　　形容詞と名詞をつなぐ（現在連体形）

ㄴ/은
ン/ウン

〜い+名詞、〜な+名詞

高いビーサン

かっこいい彼のビーチサンダルは3万円もするそうです。高い、安い、大きい、小さいのような形容詞の後ろに名詞がくるとき、日本語は「高い+ビーサン」とそのままくっつけられます。でも、韓国語は形容詞と名詞をくっつけるとき、糊のような役目を果たす言葉が必要になります。それがㄴで、비싼+名詞となります。

つい単 비싸다=（値段が）高い

こんぶPOINT

日本語の形容詞は「高い」など「い」で終わるものと、「静かな街」のように「な」で終わるものがあります。そのため日本語訳は「〜い+名詞」「〜な+名詞」と書いてあります。

| | | 作 り 方 | | 🔊 062 |

| パッチム確認 | **＋** | ㄴ/은 | をくっつける |

※「名詞」の代わりに「사람＝人」という単語を入れてあります。

	基本形		パッチム確認 + ㄴ/은		意味
パッチムの ない単語	**크다** (大きい)	➡	**큰 사람**	＝	大きい人
	예쁘다 (きれいだ)	➡	**예쁜 사람**	＝	きれいな人
パッチムの ある単語	**작다** (小さい)	➡	**작은 사람**	＝	小さい人
	밝다 (明るい)	➡	**밝은 사람**	＝	明るい人
パッチムが ㄹの単語は 例外	**멀다** (遠い)	➡	**먼 사람**※	＝	遠い人

※다の前にㄹパッチムのある単語はㄴの前でㄹが脱落します。

| | | 例 文 | | 🔊 062 |

비싼 구두를 샀어요.
ビ ッサン　ク ドゥルル　サ ッソ ヨ
➡ 高い靴を買いました。

저는 예쁜 옷을 많이 가지고 있어요.
チョ ヌン　イェ ップン　オ スル　マ ニ　カ ジ ゴ　イ ッソ ヨ
➡ 私はきれいな服をたくさん持っています。

143

文法 063　　　　　　　　　　　　　　丁寧で硬い語尾

ㅂ/습니다
ム/スムニダ　　　〜ます、〜です

行きますなのに、comeニダ

韓国語がわからない英語圏の人の前で、「갑니다〜!」と言いながら会社に向かっています。でも、発音がcomeニダに聞こえて、「来る?」と不思議そうです。ㅂ니다というのはよく聞こえてくる韓国語の語尾ですが、一番丁寧で硬い語尾です。会話では아/어요の形を使うことが多く、ㅂ/습니다は会議や新聞、軍隊などでよく使います。

つい単　가다=行く

 こんぶPOINT

ここから4つの文法(P151まで)は作り方が例外的です。パッチムを確認するのは同じですが、パッチムがなければㅂ니다、パッチムがあれば읍니다ではなく습니다をくっつけます。

144

| | 作り方 | 🔊 063 |

パッチム確認 + ㅂ/습니다 をくっつける

※例外の文法です。パッチムのある単語のとき、으で始まる形ではありません。

	基本形	パッチム確認 + ㅂ/습니다		意味
パッチムの ない単語	가다 (行く)	➡	갑니다	= 行きます
	크다 (大きい)	➡	큽니다	= 大きいです
パッチムの ある単語	먹다 (食べる)	➡	먹습니다	= 食べます
	춥다 (寒い)	➡	춥습니다	= 寒いです
パッチムが ㄹの単語は 例外	놀다 (遊ぶ)	➡	놉니다 ※	= 遊びます

※다の前にㄹパッチムのある単語はㄴの前でㄹが脱落します。

| | 例 文 | 🔊 063 |

점심은 감자탕을 먹습니다.
チョム シ ムン　カム ジャ タン ウル　モ ク ス ム ニ ダ

➡ お昼にカムジャタンを食べます。

평일은 일이 바쁩니다.
ピョン イ ルン　イ リ　パップ ム ニ ダ

➡ 平日は仕事が忙しいです。

文法 064　　　　　　　　　　　　　　　終止形、言い切り

ㄴ/는다
ン/ヌンダ

～んだ、～する

家族を守るんだ！　俺はチキンだ！

脱サラしたお父さんの家計をチキンが守っています！「守るんだ！」という意志が感じられますね。実際、韓国では脱サラしてフライドチキン屋を開く人も多いです。ㄴ/는다というのは「。」がつくイメージです。守るは지키다ですが「家を守る。」なら「집을 지킨다.」と言い、これを終止形といいます。

つい単　지키다=守る

 こんぶPOINT

動詞のみに使えます。少し例外的でパッチムがなければㄴ다、パッチムがあれば은다ではなく는다をくっつけます。形容詞は基本形がそのまま終止形です。

作り方　🔊 064

| パッチム確認 | **＋** | ㄴ/는다 | をくっつける |

※例外の文法です。パッチムのある単語のとき、으で始まる形ではありません。

	基本形	パッチム確認 + ㄴ/는다	意味
パッチムの ない単語	보다 （見る） ➡	본다 ＝	見る
	사다 （買う） ➡	산다 ＝	買う
パッチムの ある単語	닫다 （閉める） ➡	닫는다 ＝	閉める
	입다 （着る） ➡	입는다 ＝	着る
パッチムが ㄹの単語は 例外	만들다 （作る） ➡	만든다 ※ ＝	作る

※다の前にㄹパッチムのある単語はㄴの前でㄹが脱落します。

例文　🔊 064

드디어 내일 한국에 간다.
トゥ ディ オ　ネ イル　ハン グ ゲ　カン ダ
➡ ついに明日韓国に行くんだ。

난 항상 음악을 듣는다.
ナン　ハン サン　ウ マ グル　トゥン ヌン ダ
➡ 私はいつも音楽を聴く。

文法 065　　　　　　　　　　　　　　　　　　　　　　伝聞

ㄴ/는대
ン/ヌンデ　　　　　　　～だって、～ですって

サンデーを買うって

コンビニで子どもたちが、サンデーを買うと言っています。お母さんはお父さんに電話をして、「子どもたちはサンデーを買うんだって」と伝えています。第3者の言葉を話し相手に伝えることを伝聞といいます。ㄴ/는대というのはもともと「ㄴ/는다고 해=～すると言う」を短くしたものです。

つい単　사다=買う

こんぶPOINT

動詞のみ使えます。少し例外的でパッチムがなければㄴ대、パッチムがあれば은대ではなく는대をくっつけます。形容詞は基本形の다を대に変えるだけです。

作り方 ◀) 065

パッチム確認 + **ㄴ/는대** をくっつける

※例外の文法です。パッチムのある単語のとき、으で始まる形ではありません。

	基本形	パッチム確認 + ㄴ/는대	意味
パッチムのない単語	가다 (行く) →	간대	= 行くって
	말하다 (言う) →	말한대	= 言うって
パッチムのある単語	웃다 (笑う) →	웃는대	= 笑うって
	믿다 (信じる) →	믿는대	= 信じるって
パッチムがㄹの単語は例外	울다 (泣く) →	운대※	= 泣くって

※다の前にㄹパッチムのある単語はㄴの前でㄹが脱落します。

例文 ◀) 065

오빠도 모른대.
オッパド モルンデ
→ お兄ちゃんも知らないって。

내일 산에서 멧돼지를 잡는대.
ネイル サネソ メットェジル チャムヌンデ
→ 明日山でイノシシを捕るって。

文法 066　　　　　　　　　　事実のように仮定、勘定

ㄴ/는다 치고
ン/ヌンダ チゴ　　〜するとして

パンダがイチゴを、売るとして

パンダがイチゴを売るとして、そうなったら誰が買うの？　怖がって買わないんじゃないの？　というような、「売ると仮定して、売るとみなして」という意味です。ㄴ다 치고は事実ではないけれど、そう仮定するという意味で使います。でも、パンダがイチゴを売っていたら、子どもたちは大喜びしそうですね。

つい単　売る=팔다

 こんぶPOINT

動詞のみに使えます。少し例外的でパッチムがなければㄴ다 치고、パッチムがあれば은다 치고ではなく는다 치고をくっつけます。形容詞は基本形に치고です。

180

作り方　🔊 066

パッチム確認 ＋ ㄴ/는다 치고 をくっつける

※例外の文法です。パッチムのある単語のとき、으で始まる形ではありません。

	基本形	パッチム確認 ＋ ㄴ/는다 치고		意味
パッチムの ない単語	오다 （来る）	➡	온다 치고	＝ 来るとして
	만나다 （会う）	➡	만난다 치고	＝ 会うとして
パッチムの ある単語	먹다 （食べる）	➡	먹는다 치고	＝ 食べるとして
	믿다 （信じる）	➡	믿는다 치고	＝ 信じるとして
パッチムが ㄹの単語は 例外	놀다 （遊ぶ）	➡	논다 치고 ※	＝ 遊ぶとして

※다の前にㄹパッチムのある単語はㄴの前でㄹが脱落します。

例文　🔊 066

일단 한국에 간다 치고 돈은 어떻게 할 거야?
イルタン　ハング　ゲ　カンダ　チゴ　トヌン　オットケ　ハル　コヤ

➡ とりあえず、韓国に行くとして、お金はどうするつもりなの？

내가 발표를 한다 치고 넌 뭐 할 거야?
ネガ　パルピョルル　ハンダ　チゴ　ノン　ムォ　ハル　コヤ

➡ 私が発表をするとして、君は何をするつもりなの？

151

文法 067　　　　　　　　　　　　　　　　会話の丁寧な語尾

아/어요　　～ます
ア/オヨ

火曜に行きます

月曜日はブルーマンデーともいうように、行くのが憂鬱ですよね。なのでいっそのこと火曜に行きましょう！　彼女は火曜に行きますと言って、火曜からの出勤のようです。いいなぁ。会話での丁寧な語尾は요です。初対面でも使えます。少し語尾のイントネーションを上げて、「가요?↗」といえば疑問形にもなります。

つい単　가다=行く

こんぶPOINT

より丁寧な表現にㅂ/습니다（P144）がありますが、会話ではあまり使われません。形容詞の語尾のときは「かわいいです」や「小さいです」など日本語は「～です」になります。

| 作り方 | ◀ 067 |

母音確認 + 아/어요 をくっつける

	基本形	母音確認+아/어요		意味
陽母音 (ㅏ か ㅗ) の単語	**날다** (飛ぶ) ➡	**날아요**	=	飛びます
	가다 (行く) ➡	**가요**※	=	行きます

※가다は作り方どおりだと가아요ですが、ㅏとㅏが続くとㅏが省略されます。

| **陰母音**
(ㅏ か ㅗ 以外)
の単語 | **먹다**
(食べる) ➡ | **먹어요** | = | 食べます |
| | **적다**
(少ない) ➡ | **적어요** | = | 少ないです |

| 例文 | ◀ 067 |

오늘은 덮밥을 먹어요.
オ ヌ ルン トプ パ プル モ ゴ ヨ

➜ 今日は丼ぶりを食べます。

사무실이 추워서 긴팔을 입어요.
サ ム シ リ チュ ウォ ソ キン パ ルル イ ボ ヨ

➜ 事務室が寒くて長袖を着ます。

文法 068　　　　　　　　　　　　会話で使う否定

안 ~아/어요
アン ア/オヨ
~しません、~くありません

甘くありません、あんたらよ

甘いケーキが韓国の伝統菓子に「甘くないですよ、あんたらよ！」と文句を言っています。**안 ~요**を使うと否定の意味になります。ケーキの言いたいことは韓国の伝統菓子はケーキより甘くないということと、売れるのはそう簡単ではないという意味でしょう。ちなみに、韓国語では人の態度が甘いというときに**달다**は使いません。

つい単　**달다**＝甘い

 こんぶPOINT

語尾を上げて「**안 달아요？ ╱**」で疑問形に。**지 않아요**も否定の意味ですが少し硬い表現です(p30)。**지 않아요**が「～しません」なら、**안~요**は「～しないです」に近いです。

作り方　🔊 068

안 + **母音確認** + **아/어요** をくっつける

	基本形	안+母音確認+아/어요	意味
陽母音 (ㅏ ㅑ ㅗ) の単語	놀다 (遊ぶ)	➡ **안 놀아요**	= 遊びません
	좁다 (狭い)	➡ **안 좁아요**	= 狭く ありません
陰母音 (ㅏ ㅑ ㅗ以外) の単語	씻다 (洗う)	➡ **안 씻어요**	= 洗いません
	깊다 (深い)	➡ **안 깊어요**	= 深く ありません

※公부하다や운동하다などは공부 안 해요や운동 안 해요と語順が変わります。

例文　🔊 068

저는 고기를 안 먹어요.
チョヌン　コ ギ ルル　アン　モ ゴ ヨ
➡ 私はお肉を食べません。

이 가게는 술을 안 팔아요.
イ　ガ ゲ ヌン　ス ルル　アン　パ ラ ヨ
➡ このお店はお酒を売りません（売っていません）。

文法 069　　　　　　　　　　　　　　不可能（前置詞）

못 ～아/어요
モッ ア/オヨ

～られません、
～することができません

切れません、モッツァレラよ

チーズタッカルビを注文したら、モッツァレラチーズがたっぷり！ 食べやすくハサミで切ろうとしていますが切れません。なぜなら、モッツァレラは切れないという不可能の意味だからです。発音が何となく似ているゴロ合わせですが、覚えるべき大事な文字は**못**（モッ）！ **못**は英語のcan'tの意味で不可能を表し、形容詞には使えません。　　**つい単** 자르다=切る　※変化して**잘라**となります。

 こんぶPOINT

못 ～요という状況で、안 ～요（P154）と言わないようにご注意を。안 ～요は自分の意志でしないので、したくないニュアンスもあります。못 ～요はしたくてもできない不可能の意味です。

作り方 🔊 069

못 + 母音確認 + 아/어요 をくっつける

	基本形	못+母音確認+아/어요	意味
陽母音 （ㅏかㅗ） の単語	팔다 （売る） →	못 팔아요 =	売れません
	참다 （我慢する） →	못 참아요 =	我慢できません
陰母音 （ㅏかㅗ以外） の単語	믿다 （信じる） →	못 믿어요 =	信じられません
	잊다 （忘れる） →	못 잊어요 =	忘れられません

例文 🔊 069

아직도 그 남자 친구를 못 잊어요.
アジクト ク ナムジャ チングルル モン ニジョヨ
→ いまだにあの彼氏を忘れられません。

저는 알레르기가 있어서 못 먹어요.
チョヌン アルレルギガ イッソソ モン モゴヨ
→ 私はアレルギーがあって食べられません。

文法 070　　　　　　　　　　　　　　　　　　　状態の進行・持続

아/어 있다
ア/オ イッタ　　〜している

生きていると皿言った

韓国のお刺身屋さんでは生きたテナガダコを小さく切って、ごま油と塩で食べるサンナクチという料理があります。皿の上でぶつ切りのタコの足がまだ動いているので「生きている！」と言いたくなります。生きているという「状態が今もずっと続いている」というときは**아/어 있다**で表します。形容詞には使えません。

つい単 살다＝生きる、住む

こんぶPOINT

韓国語には2つの進行表現があります。今まさにしているという現在進行形は**고 있다**（P24）、生きている・立っているなど状態が続く進行、つまり持続は**아/어 있다**で表します。

作り方			🔊 070

母音確認 **+** **아/어 있다** をくっつける

	基本形	母音確認+아/어 있다		意味
陽母音 （ㅏ か ㅗ） の単語	**남다** （残る）	➡	**남아 있다**	= 残っている
	앉다 （座る）	➡	**앉아 있다**	= 座っている
陰母音 （ㅏ か ㅗ 以外） の単語	**들다** （入る）	➡	**들어 있다**	= 入っている
	서다 （立つ）	➡	**서 있다**※	= 立っている

※서다は作り方どおりだと서어 있다ですが、ㅓとㅓが続くとㅓが省略されます。

例 文	🔊 070

경찰이 입구에 서 있어요.
キョンチャ リ　イ ク エ　ソ　イ ッソ　ヨ
➡ 警察が入り口に立っています。

의자에 동생이 앉아 있어요.
ウィ ジャ エ　トン セン イ　アン ジャ　イ ッソ　ヨ
➡ 椅子に妹（弟）が座っています。

文法 071　　原因・理由、時間の前後関係

아/어서
ア/オソ

〜して

和装で来て、苦しくなる

友だちの結婚式に和装で出席したはいいものの、慣れず苦しくなってしまったようです。和装という原因・理由のために、苦しくなるという結果があります。서というのは理由や原因を表し、その後ろに結果がきます。または「〜してから」という時間の前後関係を表します。ちなみに韓国でも着物を着付けしてくれる人がいます。

つい単　오다=来る　※変化して와서となります。

 こんぶPOINT

「〜して」は서以外にも고がありますが、고は原因や理由の意味はなく単純な羅列や時間的順序を表します。서は接続詞の그래서(P282)の서、고は接続詞の그리고(P283)の고です。

作り方 🔊 071

 をくっつける

	基本形	母音確認+아/어서		意味
陽母音 (ㅏかㅗ) の単語	놀다 (遊ぶ) ➡	놀**아서**	=	遊んで
	달다 (甘い) ➡	달**아서**	=	甘くて
陰母音 (ㅏかㅗ以外) の単語	늦다 (遅れる) ➡	늦**어서**	=	遅れて
	멀다 (遠い) ➡	멀**어서**	=	遠くて

例文 🔊 071

신발이 작아서 발이 아파요.
シンバリ チャガソ パリ アパヨ
➡ 靴が小さくて足が痛いです。

너무 매운 음식을 먹어서 배탈이 났어요.
ノム メウン ウムシグル モゴソ ペタリ ナッソヨ
➡ とても辛い食べ物を食べてお腹を壊しました。

文法 072　　　　　　　　　　会話で使う理由や原因

아/어 가지고 ～して
ア/オ ガジゴ

ダチョウが事故でケガして

ダチョウが交通事故にあって、ケガをしました。今日は動物園でのお仕事はお休みのようです。何かの理由や原因を表すとき、서も使いますが会話では**가지고**という表現もよく使います。これは新聞や論文、レポートなどの硬い文章では使えないので、会話のときだけ使ってください。もとは「**가지다**=持つ」という動詞です。

つい単　**다치다**=ケガする

こんぶPOINT

서(P160)も가지고も会話でよく使われ同じ意味なので、その違いはとても微妙です。서はより客観的な言い方で、가지고は感情的で相手に共感を求めるような語感の違いがあります。

作り方	◀)) 072

母音確認	**+**	아/어 가지고	をくっつける

	基本形	母音確認+아/어 가지고	意味
陽母音 (ㅏかㅗ) の単語	**찾다** (探す)	➡ **찾**아 가지고	≡ 探して
	높다 (高い)	➡ **높**아 가지고	≡ 高くて
陰母音 (ㅏかㅗ以外) の単語	**재미있다** (おもしろい)	➡ **재미있**어 가지고	≡ おもしろくて
	다치다 (ケガする)	➡ **다쳐**[※] 가지고	≡ ケガして

※다치다は作り方どおりだと다치어 가지고ですが、ㅣと어が続くとㅕになります。

例 文	◀)) 072

상한 음식을 먹어 가지고 베탈이 났어요.
サン ハン　ウム シ グル　モ ゴ　ガ ジ ゴ　ベ タ リ　ナ ッ ソ ヨ
➡ 傷んだ食べ物を食べて、お腹を壊しました。

방이 좁아 가지고 너무 불편했어요.
パン イ　チョ バ　ガ ジ ゴ　ノ ム　プル ビョ ネ ッ ソ ヨ
➡ 部屋が狭くてとても不便でした。

文法 073　　　　　　　　　　　不確かな原因や理由の推測

아/어서 그런지

ア/オソ クロンジ

〜したからなのか、
〜しているからなのか

何をしたからなのか、へ〜そ〜！ 黒字?!

社員が社長に、売り上げが伸びて黒字になったと報告しています。いつも、社員に経営をまかせていたため、社長はなぜ黒字になったのかその理由がわかりません。「へ〜そ〜！ 黒字?!」と他人事のように話しています。このように、自分でははっきりわからないけれど何かの理由や原因を推測して話すときに서 그런지を使います。

つい単　하다=する

 こんぶPOINT

그런지は「그렇다=そうだ」という形容詞がもとの言葉です。서 그런지を直訳すると「〜してそうなのか」で、どんな理由でそうなのかという意味です。

作り方　　　🔊 073

| 母音確認 | **+** | 아/어서 그런지 をくっつける |

	基本形	母音確認+아/어서 그런지	意味
陽母音 （ㅏ か ㅗ） の単語	작다 （小さい）	➡ 작**아서 그런지** =	小さいから なのか
	하다 （する）	➡ 해**서 그런지** =	したから なのか

※하다は作り方どおりだと하아서 그런지ですが、例外的に하아は해になります。

	基本形	母音確認+아/어서 그런지	意味
陰母音 （ㅏ か ㅗ以外） の単語	울다 （泣く）	➡ 울**어서 그런지** =	泣いたから なのか
	힘들다 （大変だ）	➡ 힘들**어서 그런지** =	大変だから なのか

例文　　　🔊 073

매일 야채를 먹어서 그런지 피부가 좋아졌어요.
メ イル　ヤ チェルル　モ ゴ ソ　クロンジ　ピ ブ ガ　チョ ア ジョッソ ヨ
➡ 毎日、野菜を食べているからなのか、肌がよくなりました。

하늘이 맑아서 그런지 오늘은 기분도 좋네요.
ハ ヌ リ　マルガ ガ ソ　ク ロンジ　オ ヌルン　キ ブンド　チョンネ ヨ
➡ 空が澄んでいるからなのか、今日は気分もいいです。

文法 074　　　　　　　　　　　　　　　　　　　　　　　　過去

았/었다
アッ/オッタ　　　　〜した

愛した、サラン減った

「愛した」という過去の事実をいうとき、それはつまりサラン（愛）が減ったから過去になったわけです。昔はサランでいっぱいだったのに……。「サランヘ」は愛しているという意味で有名ですが、「サラン減った」で「愛したと」いう過去になることもぜひ覚えましょう。ドラマはドラマ、現実は現実です。「減った」の「った」が過去を表します。

つい単　사랑하다=愛する

こんぶPOINT

았/었다は文章などで使う硬い表現です。友だちには았/었어を使い、目上の人には았/었어요を使います。「愛していました」は사랑했어요です。

作り方　　　🔊 074

母音確認 았/었다 をくっつける

	基本形	母音確認+았/었다		意味
陽母音 (ㅏかㅗ) の単語	알다 (知る) →	알았다	=	知った
	사랑하다 (愛する) →	사랑했다※	=	愛した

※사랑하다は作り方どおりだと사랑하았다ですが、例外的に하았다は했다になります。

陰母音 (ㅏかㅗ以外) の単語	숨다 (隠れる) →	숨었다	=	隠れた
	길다 (長い) →	길었다	=	長かった

例文　　　🔊 074

주말에 파전을 만들었다.
チュマレ パジョヌル マンドゥロッタ
→ 週末、チヂミを作った。

위에 뿌려져 있는 소스가 너무 달았다.
ウィエ プリョジョ インヌン ソスガ ノム タラッタ
→ 上にかかっているソースがとても甘かった。

文法 075　　　自分の経験を通した結果や発見

았/었더니
アッ/オットニ

〜したところ

買ったところ、さっと煮だった

韓国旅行に行って料理キットを買って帰りました。帰国後作ってみると、簡単にできるさっと煮でした。았/었더니というのは、自分の経験を思い出しながら話すときに使います。韓国旅行でお土産を買った経験を思い出しながら、その後の出来事について後ろの文章で話します。基本的に話し手が主語になります。

つい単　사다=買う

 こんぶPOINT

形容詞には使えません。また、自分の経験について言うので、自分しか主語になりません。第3者を主語にしたり、形容詞に使う場合は「そのまま+더니」を使います。

作り方　　🔊 075

母音確認 + **았/었더니** をくっつける

	基本形	母音確認+았/었더니		意味
陽母音 (ㅏかㅗ) の単語	놓다 (置く) →	놓았더니	=	置いた ところ
	사다 (買う) →	샀더니 ※	=	買った ところ

※사다は作り方どおりだと사았더니ですが、ㅏと아が続くとㅏが省略されます。

陰母音 (ㅏかㅗ以外) の単語	열다 (開ける) →	열었더니	=	開けた ところ
	입다 (着る) →	입었더니	=	着たところ

例文　　🔊 075

화장실에 휴지를 놓았더니 사람들이 가져갔어요.
ファジャン シ レ　ヒュ ジ ルル　ノ アッ ト ニ　サ ラム ドゥ リ　カ ジョ ガッ ソ ヨ
→ トイレにトイレットペーパーを置いたところ人々が持っていきました。

잡채에 굴소스를 넣었더니 맛있어졌어요.
チャプ チェ エ　クル ソ スル ル　ノ オッ ト ニ　マ シッ ソ ジョッ ソ ヨ
→ チャプチェにオイスターソースを入れたところおいしくなりました。

文法 076　　　　　　　　　　　　　必然的な条件、前提

아/어야
ア/オヤ

〜してこそ

嘘やと笑ってこそ、人生は楽しい

いつも「嘘や〜」と明るく受け止めながら笑っています。笑ってこそ人生は楽しいですよね。言い換えれば「笑わなきゃ楽しくない」という意味です。日本語の「〜してこそ」というと堅苦しいですが、韓国語では毎日のように使う表現です。「〜して初めて」とも訳せます。つまり、この条件があってこうなるというときに使います。

つい単　웃다=笑う

 こんぶPOINT

似た意味に仮定の면があります。「웃으면 즐겁다=笑うと楽しい」と「웃어야 즐겁다=笑ってこそ楽しい」の違いは、면は単純な仮定ですが、야は笑うことが必然的な条件です。

作り方　🔊 076

| 母音確認 | ＋ | 아/어야 | をくっつける |

	基本形	母音確認＋아/어야	意味
陽母音 （ト か ⊥） の単語	알다 (知る) ➡	알**아야** ＝	知ってこそ
	작다 (小さい) ➡	작**아야** ＝	小さくてこそ
陰母音 （ト か ⊥以外） の単語	먹다 (食べる) ➡	먹**어야** ＝	食べてこそ
	맛있다 (おいしい) ➡	맛있**어야** ＝	おいしくて こそ

例文　🔊 076

양말은 손으로 빨아야 깨끗해져요.
ヤン マ ルン　ソ ヌ ロ　パ ラ ヤ　ケック テ ジョ ヨ
➡ 靴下は手で洗ってこそきれいになります。

팬이 많아야 콘서트를 열 수 있어요.
ペ ニ　マ ナ ヤ　コン ソ トゥ ル ル　ヨル ス　イッ ソ ヨ
➡ ファンが多くてこそ、コンサートを開くことができます。

171

文法 077　　　　　　　　　　　　　　　　　　義務

아/어야 돼
ア/オヤ ドェ

～しなければならない、
～でなければならない

部屋で、勉強しなければならない

子どもがリビングで勉強しています。お母さんが自分の部屋で勉強しなければならないと言っています。勉強だけでなく、寝たり着替えたり、部屋でしないといけないことはたくさんありますよね。야 돼というのは義務や強制、必要性を意味します。ただ、最近韓国でも日本からリビング学習メソッドが入ってきて人気です。

つい単　하다＝する

 こんぶPOINT

基本の形は야 되다です。야 하다も「～しなければならない」という意味ですが、自分の意志が強い表現です。厳密には使い分けがありますが、会話では야 되다をよく使います。

作り方 ◀)) 077

| 母音確認 | **+** | 아/어야 돼 | をくっつける |

	基本形	母音確認+아/어야 돼	意味
陽母音 （ㅏㅑㅗ） の単語	높다 （高い）	➡ 높**아야 돼**	= 高くなけれ ばならない
	하다 （する）	➡ 해**야 돼**※	= しなければ ならない

※하다は作り方通りだと하아야 돼ですが、例外的に하아は해になります。

陰母音 （ㅏㅑㅗ以外） の単語	씹다 （噛む）	➡ 씹**어야 돼**	= 噛まなけれ ばならない
	길다 （長い）	➡ 길**어야 돼**	= 長くなけれ ばならない

例文 ◀)) 077

여권 이름이랑 같아야 돼요.
ヨ ックォン　イ ル ミ ラン　カ タ ヤ　ドェ ヨ

→ パスポートの名前と同じでなければなりません。

건강을 위해 야채를 먹어야 돼요.
コン ガン ウル　ウィ ヘ　ヤ チェ ルル　モ ゴ ヤ　ドェ ヨ

→ 健康のために野菜を食べなければなりません。

第1章　動詞・形容詞にくっつく文法｜母音確認

173

文法 078　　　　　　　　　　　　　　　　　　　　　　　　　　　意志

아/어야겠다　～しなきゃ

ア/オヤゲッタ

蚊帳ゲッターは蚊帳をゲットしに行かなきゃ

韓国のお父さんが「蚊帳をゲットしに行かなきゃ！」と、蚊帳ゲッターになっています。야겠다というのは自分の意志を表します。韓国の夏は蚊が多く、子どもがいる家庭で蚊帳は必須です。ただ、蚊帳は折り畳みタイプが多いので、壊れたり、破れてしまいます。そのため、夏になると「行かなきゃ！」と蚊帳ゲッターになるのです。

つい単　가다=行く

こんぶPOINT

形容詞はごく一部なので、ほぼ動詞で使われると思ってください。日本語の「しなきゃ」という語感にとても似ていて、独り言でもよく使われます。아/어야겠어요で丁寧になります。

作り方　　🔊 078

| 母音確認 | ＋ | 아/어야겠다 | をくっつける |

	基本形	母音確認＋아/어야겠다	意味
陽母音 （ㅏかㅗ） の単語	놀다 （遊ぶ）	➡ 놀**아야겠다**	＝ 遊ばなきゃ
	가다 （行く）	➡ 가**야겠다**※	＝ 行かなきゃ

※가다は作り方どおりだと가아야겠다ですが、ㅏと아が続くと아が省略されます。

	基本形	母音確認＋아/어야겠다	意味
陰母音 （ㅏかㅗ以外） の単語	벌다 （稼ぐ）	➡ 벌**어야겠다**	＝ 稼がなきゃ
	숨다 （隠れる）	➡ 숨**어야겠다**	＝ 隠れなきゃ

例文　　🔊 078

쿠폰 받아야겠다.
クポン　パダ　ヤ　ゲッタ
➡ クーポンもらわなきゃ。

감기 기운이 있으니까 약을 먹어야겠다.
カムギ　キウ二　イッスニッカ　ヤグル　モゴ　ヤ　ゲッタ
➡ 風邪気味なので、薬を飲まなきゃ。

175

文法 079　　　　　　　　　　　　　　仮定、譲歩、許容

아/어도
ア/オド

~しても

行っても、角(かど)

ソウルの昔の街を歩いていますが、行っても行っても角です。昔の家がある場所は狭い路地などがたくさんあり、角も多いです。도は諦めのニュアンスもあり、こうやってもこうなるという仮定の意味を表します。ちなみに、イラストはソウルの北村韓屋村を思い出して描きました。風情があってすてきな場所です。

つい単　가다=行く

 こんぶPOINT

動詞にも形容詞にも使われます。도の後には되다という動詞がくることが多いです。「도 되다=~してもいい」「도 돼요=~してもいいです」という意味です。

作り方　　　　　　🔊 079

| 母音確認 | **+** | 아/어도 | をくっつける |

	基本形	母音確認+아/어도	意味
陽母音 (ㅏかㅗ) の単語	**달다** (甘い) ➡	**달아도** ＝	甘くても
	가다 (行く) ➡	**가도**※ ＝	行っても

※가다は作り方どおりだと가아도ですが、ㅏと아が続くと아が省略されます。

陰母音 (ㅏかㅗ以外) の単語	**만들다** (作る) ➡	**만들어도** ＝	作っても
	적다 (少ない) ➡	**적어도** ＝	少なくても

例 文　　　　　　🔊 079

아무리 책을 읽어도 머리에 안 들어가요.
ア　ム　リ　　チェグル　　イルゴド　　モ　リ　エ　　アン　ドゥロ　ガ　ヨ
→ いくら本を読んでも、頭に入りません。

방이 좁아도 경치가 좋으면 괜찮아요.
パン イ　　チョ バ ド　　キョンチ ガ　　チョ ウ ミョン　クェンチャ ナ ヨ
→ 部屋が狭くても、景色が良ければ大丈夫です。

177

第1章　動詞・形容詞にくっつく文法　母音確認

文法 080　　　　　　　　　　　　　　　　　　　許可、許容

아/어도 돼요　〜してもいいです
ア/オド ドェヨ

門出よ！　行ってもいいです

高校の卒業式の日です。担任の先生が、学校の正門の前で「行ってもいいですよ！　もうあなたたちの門出よ！」と涙を流しながらお祝いしてくれています。担任の先生が大人になった生徒たちに、社会へ出ていく許可を出しているんですね。**도 돼요**というのは許可を意味し、韓国旅行のときにホテルやお店でもたくさん使える表現です。

つい単　가다=行く

 こんぶPOINT

許可できるか尋ねるときは「**도 돼요?** ⤴」と語尾を少し上げて疑問文にします。許可できないときは「**면 안 돼요**=〜してはいけません」と答えます。

	作り方	🔊 080

母音確認 + **아/어도 돼요** をくっつける

	基本形	母音確認+아/어도 돼요	意味
陽母音 (ㅏ ㅑ ㅗ) の単語	**좁다** (狭い)	➡ **좁아도 돼요**	= 狭くても いいです
	가다 (行く)	➡ **가도 돼요** ※	= 行っても いいです

※가다は作り方通りだと가아도ですが、ㅏとㅏが続くとㅏが省略されます。

陰母音 (ㅏ ㅑ ㅗ以外) の単語	**믿다** (信じる)	➡ **믿어도 돼요**	= 信じても いいです
	늦다 (遅い)	➡ **늦어도 돼요**	= 遅くても いいです

	例 文	🔊 080

밖에서 놀아도 돼요.
パッケソ　ノ　ラ　ド　ドェ　ヨ
➔ 外で遊んでもいいです。

집값이 싸면 방이 좁아도 돼요.
チプ カプ シ　サ ミョン　パン イ　チョ バ ド　ドェ　ヨ
➔ 家賃が安かったら部屋が狭くてもいいです。

第1章 動詞・形容詞にくっつく文法 母音確認

179

文法 081　　　　　　　　　　　　　　　　　　　　　　　　　　命令形

아/어라
ア/オラ

〜しろ

皿を買え！

韓国人の旦那さんが皿を買えと、奥さんに命令しています。でも、奥さんは皿より韓国でよく使われるご飯や汁、おかずを一緒に盛れる銀のトレーがいいと言っています。主婦としては洗い物の数が減るほうがいいですよね。라というのは友だちや目下に使う命令形です。一部の形容詞にも使えますが、一般的には動詞に使います。

つい単　사다=買う

 こんぶPOINT

「パッチム確認+라/으라」もありますが、このときは「〜せよ」といった語感になり、スローガンやデモなどでよく使われます。『응답하라=応答せよ』というドラマシリーズもあります。

作り方　🔊 081

| 母音確認 | **+** | 아/어라 | **をくっつける** |

	基本形	母音確認+아/어라		意味
陽母音 （ㅏㅑㅗ） の単語	**닫다** （閉める）	→	**닫아라**	＝ 閉めろ
	사다 （買う）	→	**사라** ※	＝ 買え

※사다は作り方どおりだと사아라ですが、ㅏとㅏが続くとㅏが省略されます。

	基本形	母音確認+아/어라		意味
陰母音 （ㅏㅑㅗ以外） の単語	**입다** （着る）	→	**입어라**	＝ 着ろ
	읽다 （読む）	→	**읽어라**	＝ 読め

例文　🔊 081

잘 살아라.
チャル　サ　ラ　ラ

→ 元気で暮らせ。

골고루 먹어라.
コル　ゴ　ル　モ　ゴ　ラ

→ バランスよく食べろ。

181

文法 082　　　　　　　　　　　　　　　　試す、挑戦

아/어 보다
ア/オ ボダ

～してみる

最近いろいろ使ってみる祖母だ

初めてスマホを使ってみているのは祖母だ！　祖母は最近いろいろなものに興味を持ち、挑戦しているようです。何かを試したり、挑戦するときは祖母を思い出しましょう。보다は「見る」という動詞ですが、動詞+보다のときは目で見る意味ではなく、トライの意味です。ある行動を挑戦するという意味なので、形容詞には使えません。

つい単　쓰다=使う

こんぶPOINT

動詞と보다の間は少しあけて、分かち書き（띄어쓰기）をするのが正しいのですが、くっつけて書くことも許容されています。分かち書きは韓国人もわからなくなるほど難しいです。

	作り方	🔊 082

| 母音確認 | + | 아/어 보다 をくっつける |

	基本形	母音確認+아/어 보다		意味
陽母音 （ㅏ か ㅗ） の単語	**팔다** （売る）	➡	**팔아 보다**	= 売ってみる
	살다 （暮らす）	➡	**살아 보다**	= 暮らして みる
陰母音 （ㅏ か ㅗ 以外） の単語	**열다** （開ける）	➡	**열어 보다**	= 開けてみる
	쓰다 （使う）	➡	**써 보다**※	= 使ってみる

※쓰다は作り方どおりだと쓰어 보다ですが、ㅡと어が続くとㅓになります。

	例 文	🔊 082

한 번만 더 믿어 보다.
ハン ボン マン ド ミ ド ボ ダ

➡ もう一度だけ信じてみる。

김치를 만들어 보다.
キム チ ル ル マン ドゥ ロ ボ ダ

➡ キムチを作ってみる。

183

文法 083　　　　　　　　　　　　　　　　　　　　　行動を促す

아/어 봐
ア/オ ボァ　　　｜　～してごらん

カバのところに行ってごらん

親子で動物園に来ました。お母さんが子どもの大好きなカバを真っ先に見つけ、「行ってごらん」と催促しています。会話で子どもや友だちなどに行動を促すときには動詞に봐をくっつけます。봐 봐と言えば「見てみて」という意味になり、日常会話で毎日のように使う言葉です。行動を促すので、形容詞には使えません。

つい単　가다＝行く

 こんぶPOINT

가 봐요で「行ってみてごらんなさい」程度に少し丁寧になりますが、より丁寧に言うときは가 보세요のように보세요をつけることで「行ってみてください」となります。

| 作り方 | 🔊 083 |

母音確認 + 아/어 봐 をくっつける

	基本形	母音確認+아/어 봐	意味
陽母音 （ㅏかㅗ） の単語	찾다 （探す） →	찾아 봐 =	探して ごらん
	가다 （行く） →	가 봐[※] =	行って ごらん

※가다は作り方どおりだと가아봐ですが、ㅏと아が続くと아が省略されます。

陰母音 （ㅏかㅗ以外） の単語	먹다 （食べる） →	먹어 봐 =	食べて ごらん
	웃다 （笑う） →	웃어 봐 =	笑って ごらん

| 例文 | 🔊 083 |

이 옷 한번 입어 봐.
イ　オッ　ハンボン　イボ　ボァ

➡ この服、一回着てごらん。

새 신발을 샀으니까 신어 봐.
セ　シンバルル　サッスニッカ　シノ　ボァ

➡ 新しい靴買ったから、履いてごらん。

文法 084　　　　　　　　　　無意味、無駄、無益を表す

아/어 봤자
ア/オ ボァッチャ

〜してみたところで、
〜と言ったところで

カバちゃんが行ってみたところで

カバちゃんが気になる男子のもとへ行こうとしています。友だちが「カバちゃんが行ってみたところで、フラれちゃうよ」と止めています。**봤자**で前の文章を仮定したあと、でも結局はこうなるだろうという考えを後ろで言います。形容詞にも使うことができます。形容詞の後に**봤자**がくると、「〜といっても大したことない」という意味になります。

つい単　가다＝行く

こんぶPOINT

形容詞の後に**봤자**がくると、「예뻐 봤자 얼마나 예뻐?＝きれいって言ったってどれだけきれいなの?」というような意味になります。ドラマで出てきそうなセリフですね。

作り方 ◀) 084

| 母音確認 | + | 아/어 봤자 | をくっつける |

	基本形	母音確認+아/어 봤자		意味
陽母音 (ㅏかㅗ) の単語	살다 (住む)	→	살**아 봤자**	=	住んでみた ところで
	가다 (行く)	→	가 **봤자**※	=	行ってみた ところで

※가다は作り方どおりだと가아봤자ですが、ㅏとㅏが続くとㅏが省略されます。

	基本形	母音確認+아/어 봤자		意味
陰母音 (ㅏかㅗ以外) の単語	입다 (着る)	→	입**어 봤자**	=	着てみたこ ところで
	멋있다 (かっこいい)	→	멋있**어 봤자**	=	かっこいいと 言ったところで

例文 ◀) 084

일찍 가 봤자 아무도 없어요.
イル チク　カ　ボァッチャ　アム ド　オプ ソ　ヨ

→ 早く行ってみたところで誰もいません。

멀어 봤자 택시로 5⁽오⁾분 거리잖아요.
モ ロ　ボァッチャ　テク シ ロ　　オ プン　ゴ リジャナ ヨ

→ 遠いといっても、タクシーで5分の距離じゃないですか。

文法 085　　　　　　　　　　　　　　　経験の有無

아/어 본 적이 있다
ア/オ ボン ジョギ イッタ

〜してみたことがある

買ってみたことがあるかとサボテン定規言った

文房具屋さんに行ったら、サボテン定規が「自分を買ってみたことがあるか?」と言っています。トゲトゲの針が痛そうなので、一度も買ったことはないのですが……。サボテン定規が聞いているのは経験です。「買いましたか?=샀어요?」は単なる過去の事実を聞いているだけですが、**본 적이 있다**は経験という記録の有無を聞いています。

つい単　**사다**=買う

こんぶPOINT

もとはㄴ/은 적이 있다(〜したことがある)という文法ですが、会話では**보다**を入れた**아/어 본 적이 있다**という形でよく使います。行動の経験を表すので形容詞には使えません。

作り方 ◀)) 085

| 母音確認 | **+** | 아/어 본 적이 있다 | をくっつける |

	基本形	母音確認+아/어 본 적이 있다	意味
陽母音 （ㅏかㅗ） の単語	날다 （飛ぶ）	→ 날아 본 적이 있다 =	飛んでみた ことがある
	사다 （買う）	→ 사 본 적이 있다[※] =	買ってみた ことがある

※사다は作り方どおりだと사아 본 적이 있다ですが、ㅏとㅏが続くとㅏが省略されます。

陰母音 （ㅏかㅗ以外） の単語	먹다 （食べる）	→ 먹어 본 적이 있다 =	食べてみた ことがある
	입다 （着る）	→ 입어 본 적이 있다 =	着てみた ことがある

例 文 ◀)) 085

한국에 가 본 적이 있어요.
ハン グ ゲ カ ボン ジョ ギ イ ッソ ヨ
→ 韓国に行ってみたことがあります。

한복을 입어 본 적이 있어요.
ハン ボ グル イ ボ ボン ジョ ギ イ ッソ ヨ
→ 韓服を着てみたことがあります。

189

文法 086　　　　　　　　　　　　　　　準備の命令

아/어 놔
ア/オ ヌァ　　　　｜　〜しておいて

料理しておいてと言ったらへなへなに

韓国のお嫁さんはお正月や秋夕(チュソク)になると大忙し！　電話でお姑さんから料理を作っておいてとの伝言があったようです。韓国でこんな「〜しておいて」という言葉を聞くと、お嫁さんはへなへなになってしまいます。韓国に行ったら命令する人の隣で、へなへなになっている人がいるかも。行動の準備の命令なので、形容詞には使えません。

つい単　하다=する

 こんぶPOINT

놔の基本の形は놓다で「置く」という意味です。놓아요で「置きます」という意味ですが、会話では早く言うので놔요となります。놔は요を取ってタメロ命令の形にしたものです。

作り方	◀) 086

母音確認 + **아/어 놔** をくっつける

	基本形	母音確認+아/어 놔		意味
陽母音 （ㅏ ㅑ ㅗ） の単語	**닫다** （閉める）	➡	**닫아 놔**	＝	閉めて おいて
	하다 （する）	➡	**해 놔**※	＝	しておいて

※하다は作り方どおりだと하아 놔ですが、例外的に하아は 해になります。

| 陰母音
（ㅏ ㅑ ㅗ以外）
の単語 | **열다**
（開ける） | ➡ | **열어 놔** | ＝ | 開けて
おいて |
| | **만들다**
（作る） | ➡ | **만들어 놔** | ＝ | 作って
おいて |

例文	◀) 086

야채 좀 씻어 놔.
ヤ チェ チョム シ ソ ヌァ

➡ 野菜ちょっと洗っておいて。

서류를 미리 만들어 놔.
ソ リュ ル ル ミ リ マン ドゥ ロ ヌァ

➡ 書類を前もって作っておいて。

文法 087　　　　　　　　　　　　　　　　授受表現

아/어 주다
ア/オ ジュダ

〜してあげる、〜してくれる

永遠(とわ)の十代を手伝ってあげる

韓国は美大国。いつまでも若く美しくいたいという人でいっぱいです。何歳になっても永遠の十代をキープするため、多くの人が施術や手術、マッサージ、メイクなどで手伝ってあげています。日本語は「〜してあげる」と「〜してくれる」を区別しますが、韓国語は「動詞+아/어 주다」の1つです。この表現は形容詞には使えません。　つい単　돕다=手伝う、助ける　※変化して도와となります。

 こんぶPOINT

韓国語では주다を使って「〜してあげる」という表現をよく使いますが、日本語のような恩着せがましさはなく、あなたに興味があり、想っているという気遣いの意味です。

作り方 ◀) 087

| 母音確認 | **+** | 아/어 주다 | **をくっつける** |

	基本形	母音確認+아/어 주다		意味
陽母音 (ㅏ ㅑ ㅗ) の単語	**놀다** (遊ぶ) **→**	**놀아 주다**	**=**	遊んで あげる
	찾다 (探す) **→**	**찾아 주다**	**=**	探して あげる
陰母音 (ㅏ ㅑ ㅗ以外) の単語	**찍다** (撮る) **→**	**찍어 주다**	**=**	撮って あげる
	읽다 (読む) **→**	**읽어 주다**	**=**	読んで あげる

例 文 ◀) 087

무거운 짐을 들어 주다.
ム ゴ ウン　チ ムル　トゥ ロ　ジュ ダ
→ 重い荷物を持ってあげる。

아침밥을 만들어 줘요.
ア チム パ プル　マン ドゥ ロ　ジュォ ヨ
→ 朝ご飯を作ってあげます。

文法 088　　　　　　　　　　　謙譲語の授受表現

아/어 드리다　～してさしあげる
ア/オ ドゥリダ

買ってさしあげる！　さぁ、ドゥリームだ

息子が両親にプレゼントをしています。「さぁ、夢に描いていたドリームよ！」と高価なプレゼントを買ってあげたようです。韓国ではお正月や秋夕には現金のお小遣いや、健康食品、電化製品など高価なプレゼントをする人も多くいます。韓国は両親に敬語を使うので「～してあげる」ではなく「～してさしあげる」という「動詞+아/어 드리다」を使います。

つい単　사다=買う

 こんぶPOINT

「動詞+주다」の謙譲語が「動詞+드리다」です。日本語で「してさしあげる」と言うと丁寧すぎるようにも聞こえますが、드리다は毎日のように使われます。形容詞には使えません。

	作り方		🔊 088

母音確認	＋	아/어 드리다	をくっつける

	基本形	母音確認+아/어 드리다	意味
陽母音 （ㅏㅑㅗ） の単語	닫다 （閉める）	→ 닫**아 드리다**	＝ 閉めて さしあげる
	사다 （買う）	→ 사 드리다 ※	＝ 買って さしあげる

※사다は作り方どおりだと사아 드리다ですが、ㅏと아が続くと아が省略されます。

陰母音 （ㅏㅑㅗ以外） の単語	씻다 （洗う）	→ 씻**어 드리다**	＝ 洗って さしあげる
	찍다 （撮る）	→ 찍**어 드리다**	＝ 撮って さしあげる

	例 文	🔊 088

테이블을 닦아 드리다.
テ イ ブ ル ル　タ ッ カ　ド ゥ リ ダ
➡ テーブルを拭いてさしあげる。

창문을 닫아 드렸어요.
チャン ム ヌル　タ ダ　ドゥ リョッ ソ ヨ
➡ 窓を閉めてさしあげました。

文法 089　　　　　　　　　　　　　　　　　　　　　　依頼

아/어 주세요
ア/オ ジュセヨ　｜　～してください

行ってください！　カーにチュウせよ！

韓国でタクシーに乗ったのに、一向に出発してくれません。「行ってください」とお願いすると、運転手さんに「カー（車）にチュウせよ」と言われました。それくらい車を愛している人しか出発してくれないのでしょうか？　そうではなく、運転手さんが韓国語でどう言うか教えてくれたようです。行動の依頼なので、形容詞には使えません。

つい単　가다＝行く

 こんぶPOINT

아/어 주세요は自分に利益のある、自分のためのお願いのときに使います。別の文法の**세요/으세요**も行ってくださいという意味ですが、これは相手の利益のためのお願いに使われます。

作り方　🔊 089

母音確認	＋	아/어 주세요	をくっつける

	基本形	母音確認＋아/어 주세요	意味
陽母音 （ト か ⊥） の単語	깎다 （（値を）まける）	➡ 깎아 주세요※	（値を）まけて ください
	가다 （行く）	➡ 가 주세요※	行ってくださ い

※가다は作り方どおりだと가아 주세요ですが、ㅏと아が続くと아が省略されます。
※깎다はㅏと아の間にパッチムがあるので省略されません。

陰母音 （ト か ⊥以外） の単語	벗다 （脱ぐ）	➡ 벗어 주세요	脱いで ください
	흔들다 （振る）	➡ 흔들어 주세요	振って ください

例文　🔊 089

밥 좀 볶아 주세요.
パプ　チョム　ポッカ　ジュセヨ
➡ ご飯ちょっと炒めてください。

사진 한 장 찍어 주세요.
サジン　ハン　ジャン　チゴ　ジュセヨ
➡ 写真1枚撮ってください。

文法 090　　　　　　　　　　　　　　後悔、非計画性

아/어 버리다
ア/オ ボリダ

〜してしまう

レトルトを買ってしまうのはさぼりだ

スーパーで、ついついレトルト食品を買ってしまっています。家事のさぼりだな〜と思いながらも手が伸びてしまうんですよね。全然いいと思いますけどね！ 버리다というのは「捨てる」という意味の動詞ですが、前に別の動詞がくっつくと、「〜してしまう」という意味に変身します。何かの行動に対する後悔を意味するので、形容詞には使えません。

つい単　사다=買う

 こんぶPOINT

고 말다も「〜してしまう」という意味ですが、これは버리다に比べて非意図的に何かをしてしまったときに使い、「とうとう〜してしまった」という意味になります。

| | | 作り方 | ◀) 090 |

| 母音確認 | + | 아/어 버리다 | をくっつける |

	基本形	母音確認+아/어 버리다	意味
陽母音 （ㅏかㅗ） の単語	알다 （知る）	→ 알**아 버리다**	＝ 知ってしまう
	사다 （買う）	→ 사 **버리다**※	＝ 買ってしまう

※사다は作り方どおりだと사아 버리다ですが、ㅏとㅏが続くとㅏが省略されます。

	基本形	母音確認+아/어 버리다	意味
陰母音 （ㅏかㅗ以外） の単語	울다 （泣く）	→ 울**어 버리다**	＝ 泣いてしまう
	젖다 （濡れる）	→ 젖**어 버리다**	＝ 濡れてしまう

| | | 例 文 | ◀) 090 |

엄마가 만화책을 팔아 버리다.
オムマガ　マヌァチェグル　パラ　ボリダ

→ お母さんが漫画本を売ってしまう。

책을 다 읽어 버렸어요.
チェグル　タ　イルゴ　ボリョッソヨ

→ 本を全部読んでしまいました。

文法 091　　　　　　　　　　　　　　　推測、判断

아/어 보여요

ア/オ ボヨヨ

〜のように見えます、〜そうに見えます

辛そうに見えますと言って、目をぼよよ〜ん

韓国の屋台で見つけた辛そうなトッポギ！ トウガラシがたっぷり入っているようです。あまりに辛そうに見えて、思わず目をぼよよ〜ん！ 飛び出ちゃいそうでした。イラストのようにまだ食べておらず辛いかどうかはわからないけれど、自分で辛そうだと推測や判断をするとき、「形容詞+아/어 보여요」を使います。動詞には使えません。

つい単　맵다=辛い

こんぶPOINT

보여요の基本形は보이다で「見える」という意味です。보다は「見る」で自分の意志で見るという意味ですが、보이다は自分の意志とは関係なく「見える」という状態です。

| | 作り方　形容詞のみ | 🔊 091 |

母音確認 ＋ 아/어 보여요 をくっつける

	基本形	母音確認＋아/어 보여요	意味
陽母音 （ㅏか ㅗ） の単語	작다 （小さい）	➡ 작**아 보여요**	＝ 小さく 見えます
	좁다 （狭い）	➡ 좁**아 보여요**	＝ 狭く 見えます
陰母音 （ㅏか ㅗ以外） の単語	젊다 （若い）	➡ 젊**어 보여요**	＝ 若く 見えます
	맵다 （辛い）	➡ 매**워 보여요**※	＝ 辛く見える

※맵다は作り方どおりだと맵어 버리다ですが、ㅂパッチムの形容詞はㅂパッチムが落ちて워がつきます。

| | 例　文 | 🔊 091 |

다 맛있어 보여요.
タ　マ　シッソ　　ボ ヨ ヨ

➡ 全部おいしそうに見えます。

요즘 피곤해 보여요.
ヨジュム　ピ ゴ ネ　　ボ ヨ ヨ

➡ 最近、疲れて見えます。

201

文法 092　　　　　　　　　　　　　　　　　　　　　　　変化

아/어지다
ア/オジダ　　　　　　〜くなる、〜になる

便秘がひどくなる、そんなときはしめじだ

便秘がひどくなったようです。お母さんが「そんなときは、食物繊維たっぷりのしめじだ！」とアドバイスしています。便秘がひどくない状態からひどい状態に変化していますよね。こんな状態の変化は、「形容詞+아/어지다」を使います。暑くなる、寒くなる、きれいになる、静かになるなど、日常生活でよく使われる状態の変化は지다で表現できます。

つい単　심하다＝ひどい

 こんぶPOINT

「動詞+아/어지다」もありますが、変化の意味ではなく受け身の意味になります。「形容詞+아/어지다」と「動詞+아/어지다」を一緒に勉強すると難しいので、形容詞から覚えましょう。

作り方 動詞は受け身の意味なので、形容詞だけ🔊 092

| 母音確認 | **+** | 아/어지다 | をくっつける |

	基本形	母音確認+아/어지다		意味
陽母音 （ㅏㅑㅗ） の単語	**좋다** （よい）	➡	**좋아지다**	＝ よくなる
	심하다 （ひどい）	➡	**심해지다**	＝ ひどくなる

※심하다は作り方どおりだと심하아지다ですが、例外的に하아は해になります。

| **陰母音**
（ㅏㅑㅗ以外）
の単語 | **길다**
（長い） | ➡ | **길어지다** | ＝ 長くなる |
| | **젊다**
（若い） | ➡ | **젊어지다** | ＝ 若くなる |

例文 🔊 092

한국어 공부가 재미있어지다.
ハン グ ゴ　コン ブ ガ　チェ ミ イッ ソ ジ ダ

➡ 韓国語の勉強がおもしろくなる。

머리가 길어졌어요.
モ リ ガ　キ ロ ジョッ ソ ヨ

➡ 髪が長くなりました。

203

文法 093　　　　　　　　　　　　　他人の感情を表す

아/어하다

ア/オハダ　　　｜　～がる

アッパ肌を痛がる

アッパ（아빠）というのはお父さんという意味ですが、お父さんの肌がヒゲでチクチクしていて、子どもが痛がっています。痛がったり、寂しがったり、怖がったりという自分ではない他人の感情は、「形容詞+아/어하다」で表現します。日本語では「～がる」という意味になります。感情を表す形容詞に使い、動詞には使えません。

つい単　아프다=痛い

 こんぶPOINT

形容詞+아/어하다で「～がる」になりますが、それは「痛い」という形容詞が「痛がる」という動詞に変化することです。完成させた単語は、1つの新しい動詞と捉えましょう。

	作り方	◀)) 093

母音確認 **+** 아/어하다 **をくっつける**

	基本形	母音確認+아/어하다	意味
陽母音 （ㅏㅑㅗ） の単語	좋다 （いい） →	좋**아하다** =	好む、 好きだ
	속상하다 （悔しい） →	속상해**하다** =	悔しがる

※속상하다は作り方どおりだと속상하아하다ですが、例外的に하아は해になります。

	재미있다 （おもしろい） →	재미있**어하다** =	おもしろが る
陰母音 （ㅏㅑㅗ以外） の単語	아프다 （痛い） →	아파**하다** =	痛がる

※아프다は作り方どおりだと아프어하다ですが、不規則な活用により아파하다になります。

	例 文	◀)) 093

오빠는 동생을 예뻐하다.
オッ パ ヌン トン セン ウル イェッポ ハ ダ
➜ お兄ちゃんは妹（弟）をかわいがる。

동생은 엄마가 없으면 외로워하다.
トン セン ヌン オム マ ガ オプ ス ミョン ウェ ロ ウォ ハ ダ
➜ 弟（妹）はお母さんがいないと、寂しがる。

第 2 章

名詞

にくっつく文法

文法 094　　　　　　　　　　　　　　　　とても丁寧な語尾

입니다
イムニダ　　　　　　～です

キムチです。キムチ移民だ

はるばる韓国からキムチが移民に来ました。「キムチです」と自己紹介されたのはいいのですが、まさかキムチが移民だなんて。初対面なのでとても丁寧な語尾の**입니다**を使っています。隣でビビンバも移民だと言っています。

※第2章ではパッチムのない名詞の代表はキムチ（김치）で、パッチムで終わる名詞の代表はビビンバ（비빔밥）で説明していきます。

 こんぶPOINT

입니다はパッチムの有無に関係なく、すべての名詞にそのままくっつけることができます。発音は「インミダ」と発音するとネイティブのようにきれいに聞こえます。

作り方　🔊 094

名詞 ＋ 입니다 をくっつける

基本形		名詞+입니다		意味
김치 (キムチ)	➡	김치입니다	＝	キムチです
어머니 (母)	➡	어머니입니다	＝	母です
커피 (コーヒー)	➡	커피입니다	＝	コーヒーです
비빔밥 (ビビンバ)	➡	비빔밥입니다	＝	ビビンバです
교실 (教室)	➡	교실입니다	＝	教室です
책 (本)	➡	책입니다	＝	本です

例 文　🔊 094

저는 하나코입니다.
チョ ヌン ハ ナ コ イム ニ ダ
➡ 私は花子です。

여기는 한국입니다.
ヨ ギ ヌン ハン グ ギム ニ ダ
➡ ここは韓国です。

文法 095　　　　　　　　　　　　　　会話の丁寧な語尾

예요/이에요　〜です
エヨ/イエヨ

キムチです。キムチえ〜よ

キムチが自己紹介をしています。すると、「キムチえ〜よ（いいよ）」と周りから褒められました。キムチに親近感が湧いたようです。예요というのは会話で使う丁寧な語尾です。でも、ビビンバは恥ずかしがり屋で後ろに隠れています。お前も「言えよ」と怒られちゃいましたが、パッチムで終わる名詞には이에요をくっつけます。

こんぶPOINT

예요は文字どおり読めば「イェヨ」ですが、実際の発音は「エヨ」と言います。そのため韓国人もSNSなどで発音通り에요と書く人もいますが、예요と書くのが正しいです。

作り方　　　　　　　🔊 095

| 名詞 | **+** | 예요 / 이에요 | をくっつける |

	基本形	名詞 + 예요/이에요		意味
パッチムの ない名詞	**김치** （キムチ）	➡	**김치예요**	＝ キムチです
	친구 （友だち）	➡	**친구예요**	＝ 友だちです
	가수 （歌手）	➡	**가수예요**	＝ 歌手です
パッチムの ある名詞	**비빔밥** （ビビンバ）	➡	**비빔밥이에요**	＝ ビビンバ です
	일본 （日本）	➡	**일본이에요**	＝ 日本です
	파전 （チヂミ）	➡	**파전이에요**	＝ チヂミです

第2章　名詞にくっつく文法

例文　　　　　　　🔊 095

서울은 도시예요.
ソ　ウ　ルン　ト　シ　エ　ヨ
➡ ソウルは都会です。

저는 학생이에요.
チョ　ヌン　ハゥ　セン　イ　エ　ヨ
➡ 私は学生です。

211

文法 096　　　　　　　　　　　友だちに使う語尾

야/이야
ヤ/イヤ

～だよ

キムチ屋がキムチだよと言う

キムチ屋の店長が「キムチだよ」と言いながらキムチを売っています。おばちゃんにも人気の人懐っこい店長のようです。야というのは友だち同士で使う語尾です。隣にいるビビンバはキムチに嫉妬してイヤイヤと逃げています。비빔밥（ビビンバ）のようにパッチムで終わる名詞の場合は이야をつけます。

 こんぶPOINT

다/이다も似た意味の語尾ですが、다/이다は新聞や本などでよく使われる少し硬い語尾です。다/이다が「～だ、～である」なら、야/이야は「～だよ」という会話で使う語尾です。

作り方　　　　　　◀） 096

| 名詞 | ＋ | 야/이야 | をくっつける |

	基本形	名詞 ＋ 야/이야	意味
パッチムの ない名詞	김치 (キムチ) →	김치야 ＝	キムチだよ
	나 (私) →	나야 ＝	私だよ
	학교 (学校) →	학교야 ＝	学校だよ
パッチムの ある名詞	비빔밥 (ビビンバ) →	비빔밥이야 ＝	ビビンバ だよ
	선생님 (先生) →	선생님이야 ＝	先生だよ
	물 (水) →	물이야 ＝	水だよ

第2章 名詞にくっつく文法

例文　　　　　　◀） 096

철수는 내 친구야.
チョルス ヌン　ネ　チング ヤ
→ チョルスは私の友だちだよ。

내일은 일요일이야.
ネ イ ルン　イ リョ イ リ ヤ
→ 明日は日曜日だよ。

213

文法 097　　　　　　　　　　　　　友だちに使う否定表現

가/이 아니야
ガ/イ アニヤ　　～じゃないよ

キムチじゃないよ。キムチが兄や!

キムチ屋の店長にとって、キムチはただの食べ物ではなく兄のような存在です。だから、「キムチが兄や!」と言って、ただのキムチじゃない！　と否定しているんです。**가 아니야**は友だち同士で話す否定の語尾です。ビビンバもキムチは「いい兄や」と言い、単なる食べ物ではないと主張しています。パッチムのある名詞は**이 아니야**をくっつけます。

 こんぶPOINT

丁寧に「～ではありません」と否定するときは、**아니야**の部分を**아니에요**に変えるだけです。パッチムのない名詞には**가 아니에요**、パッチムのある名詞には**이 아니에요**です。

作り方　　　◀) 097

名詞 + **가/이 아니야** をくっつける

	基本形	名詞 + 가/이 아니야	意味
パッチムの ない名詞	김치 (キムチ)	➡ 김치**가 아니야** =	キムチじゃ ないよ
	아이 (子ども)	➡ 아이**가 아니야** =	子どもじゃ ないよ
	막내 (末っ子)	➡ 막내**가 아니야** =	末っ子じゃ ないよ
パッチムの ある名詞	비빔밥 (ビビンバ)	➡ 비빔밥**이 아니야** =	ビビンバ じゃないよ
	거짓말 (嘘)	➡ 거짓말**이 아니야** =	嘘じゃ ないよ
	아이돌 (アイドル)	➡ 아이돌**이 아니야** =	アイドルじゃ ないよ

例文　　　◀) 097

넌 친구가 아니야.
ノン　チング　ガ　アニヤ
➡ お前は友だちじゃないよ。

이건 사랑이 아니야.
イ　ゴン　サ　ラン　イ　アニヤ
➡ これは愛じゃないよ。

第2章　名詞にくっつく文法

215

文法 098　　　　　　　　　　　　　　　　　　　　　羅列

고/이고
ゴ/イゴ

~で

これはキムチで、キムチGo!

キムチ屋の店長が、お店でさまざまなキムチをお客さんにすすめています。これは白菜キムチで、これはキュウリキムチで……と言いながら、キムチたちをGo!とお客さんのもとへ。**고**は2つ以上の事柄を並べるときに使います。ビビンバも「行こ〜！」と並べるのを手伝っているように、パッチムで終わる名詞には**이고**をくっつけます。

 こんぶPOINT

話す人や単語、場面によって違いますが、たまにパッチムのない名詞にも**이고**がくっつくときがあります。その場合、より丁寧な語感になり、文法的な間違いではありません。

	作り方		🔊 098

名詞	+	고/이고	をくっつける

	基本形	名詞 + 고/이고		意味
パッチムの ない名詞	김치 （キムチ）	→ 김치고	=	キムチで
	아버지 （父）	→ 아버지고	=	父で
	아내 （妻）	→ 아내고	=	妻で
パッチムの ある名詞	비빔밥 （ビビンバ）	→ 비빔밥이고	=	ビビンバで
	공무원 （公務員）	→ 공무원이고	=	公務員で
	음식 （食べ物）	→ 음식이고	=	食べ物で

	例文	🔊 098

저는 여자고 스무 살이에요.
チョ ヌン　ヨ ジャ ゴ　ス ム　サ リ エ ヨ

→ 私は女で二十歳です。

이건 친구 선물이고 이건 내 선물이에요.
イ ゴン　チン グ　ソン ム リ ゴ　イ ゴン　ネ　ソン ム リ エ ヨ

→ これは友だちのお土産で、これは私のお土産です。

文法 099　　　　　　　　　　　　　　　　　　少し硬い語尾

다/이다
ダ/イダ

〜だ、〜である

キムチだ！　同じキムチだ

最近は日本でも韓国の本場のキムチが手に入りますね。日本のキムチさんと韓国のキムチさんが偶然出会ったようです。「キムチだ！」と発した言葉が全く同じでお互いに驚いています。でもビビンバたちは発音が少し違うようで、後ろで「イーダ」といがみ合っています。つまり、パッチムで終わる名詞には이다がくっつきます。

 こんぶPOINT

状況によって違うのですが、たまにパッチムのない名詞にも이다がくっつくときがあります。その場合、「〜である」のような丁寧な語感になり、文法的な間違いではありません。

作り方	◀)) 099

名詞 + 다/이다 をくっつける

	基本形		名詞 + 다/이다		意味
パッチムの ない名詞	김치 (キムチ)	➡	김치**다**	=	キムチだ
	학교 (学校)	➡	학교**다**	=	学校だ
	모자 (帽子)	➡	모자**다**	=	帽子だ
パッチムの ある名詞	비빔밥 (ビビンバ)	➡	비빔밥**이다**	=	ビビンバだ
	팬 (ファン)	➡	팬**이다**	=	ファンだ
	역 (駅)	➡	역**이다**	=	駅だ

例 文	◀)) 099

나는 재벌 2(이)세다.
ナ ヌン　チェ ボル　　イ　セ ダ
➡ 私は財閥2世だ。

이건 사실이다.
イ ゴン　サ シ リ ダ
➡ これは事実だ。

219

文法 100　　　　　　　　　　　　　　　　　　　　　過去

였다/이었다

ヨッタ/イオッタ　　～だった

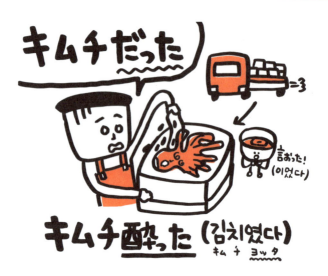

キムチが酔った。前はキムチだった

キムチをトラックに載せてお店まで運ぶ途中、キムチが車に酔ってしまいました。ぐちゃぐちゃになって、キムチの原型をとどめていません。少し前までは売り物にできるキムチだったのに……。였다というのは名詞の過去形です。ビビンバは「言おった」と言っているように、パッチムで終わる名詞には이었다です。

 こんぶPOINT

カエルがおたまじゃくしだったように、名詞も過去には違う姿ということがあります。そんなときに使うのが名詞につく過去を表す語尾です。丁寧に言うときは였어요/이었어요です。

作り方　🔊 100

| 名詞 | ＋ | 였다/이었다 | をくっつける |

	基本形	名詞 ＋ 였다/이었다		意味
パッチムの ない名詞	김치 （キムチ）	→	김치였다 =	キムチ だった
	의사 （医者）	→	의사였다 =	医者だった
	진짜 （本物）	→	진짜였다 =	本物だった
パッチムの ある名詞	비빔밥 （ビビンバ）	→	비빔밥이었다 =	ビビンバ だった
	경찰관 （警察官）	→	경찰관이었다 =	警察官 だった
	기적 （奇跡）	→	기적이었다 =	奇跡だった

第2章　名詞にくっつく文法

例文　🔊 100

어머니는 간호사였다.
オ モ ニ ヌン　カ ノ サ ヨッタ
➜ 母は看護師だった。

맛있는 음식이었다.
マ シン ヌン　ウム シ ギ オッ タ
➜ おいしい食べ物だった。

221

文法 101　　　　　　　　　　　　　　　　　　推測、推量

겠다/이겠다
ゲッタ/イゲッタ　　　　　　〜だろう

キムチゲッターだろう

キムチ屋の店長はいつもおいしいキムチを仕入れてきます。きっと目利きのキムチゲッターなんですね。きっとこうかなと頭で考えて推測するとき、**겠다**を使います。店長は常においしいキムチかどうか推測してるんですね。ビビンバも「い〜ゲッター」と言っていますが、パッチムで終わる名詞には**이겠다**がくっつきます。

こんぶPOINT
何か根拠があって「本物だろう、偽物だろう」「右だろう、左だろう」と推測するときありますよね。そんなとき使えるのが**겠다/이겠다**です。丁寧な形は**겠어요/이겠어요**です。

作り方　　　　　　🔊 101

名詞 ＋ 겠다/이겠다 をくっつける

	基本形	名詞 ＋ 겠다/이겠다	意味
パッチムのない名詞	김치 （キムチ）	➡ 김치겠다	＝ キムチ だろう
	여자 친구 （彼女）	➡ 여자 친구겠다	＝ 彼女だろう
	가짜 （偽物）	➡ 가짜겠다	＝ 偽物だろう
パッチムのある名詞	비빔밥 （ビビンバ）	➡ 비빔밥이겠다	＝ ビビンバ だろう
	국내산 （国内産）	➡ 국내산이겠다	＝ 国内産 だろう
	사장님 （社長）	➡ 사장님이겠다	＝ 社長だろう

第2章　名詞にくっつく文法

例 文　　　　　　🔊 101

이 금반지는 가짜겠다.
イ　クム バン ジ ヌン　　カッチャ ゲッ タ

➡ この金の指輪は偽物だろうな。

이 김치는 국내산이겠다.
イ　キム チ ヌン　クン ネ サ ニ ゲッ タ

➡ このキムチは国内産だろう。

223

文法 102　　　　　　　　　　　　　　　　　　　　仮定

면/이면

ミョン/イミョン

〜なら

あいみょんならもっとうまく歌えるのに

キムチがカラオケに挑戦しています。でも、なかなかうまく歌えないようです。「あいみょんなら、もっとうまく歌えるのに〜」と言っています。면というのは、もしもそうだったらという仮定を意味します。ビビンバも隣で「あいみょん」ならと言っていますが、パッチムで終わる名詞はあいみょんの「いみょん」をとって이면です。

こんぶPOINT

라면/이라면も仮定表現ですが、日本語の「〜だったら」「〜であるなら」に近い意味です。면/이면より、そうなる可能性が低い不確実な仮定のときに使います。

| | 作り方 | 🔊 102 |

名詞 **+** 면/이면 をくっつける

	基本形	名詞 + 면/이면		意味
パッチムの ない名詞	김치 (キムチ)	→	김치면	= キムチなら
	노래 (歌)	→	노래면	= 歌なら
	가게 (お店)	→	가게면	= お店なら
パッチムの ある名詞	비빔밥 (ビビンバ)	→	비빔밥이면	= ビビンバ なら
	돈 (お金)	→	돈이면	= お金なら
	주말 (週末)	→	주말이면	= 週末なら

第2章 名詞にくっつく文法

| | 例 文 | 🔊 102 |

그게 사과면 이건 뭐예요?
ク ゲ サ グァミョン イ ゴン ム オ エ ヨ
→ それがリンゴならこれは何ですか?

어른이면 이 정도는 할 수 있어요.
オ ル ニ ミョン イ ジョン ド ヌン ハル ス イ ッ ソ ヨ
→ 大人ならこれくらいはできます。

文法 103　　　　　　　　　　　　　　　　　主題や話題を表す

는/은
ヌン/ウン

～は

キムチはうんぬん、ビビンバはうんうん言う

キムチはうんぬんかんぬん。それに対し、ビビンバは素直にうんうんと聞いています。キムチ（김치）のように最後の文字にパッチムがない名詞は는で「～は」を表します。ビビンバ（비빔밥）のように最後の文字にパッチムがある名詞は은で「～は」を表します。

例文　🔊 103

저는 일본인이에요.
チョヌン イルボ ニ イ エ ヨ
→ 私は日本人です。

선생님은 여자예요.
ソンセン ニ ムン ヨ ジャ エ ヨ
→ 先生は女性です。

 こんぶPOINT

日本語の「～は」と同様に는/은を使います。ただ、日本語で「～は」を使う場面で、韓国語の「～が」を意味する가/이（P227）を使うこともあります。

文法 104　　　　　　　　　　　　　　　主語や新情報を表す

가/이
ガ/イ

~が

僕たちが噂のナイスガイ

キムチとビビンバが「僕たちが噂のナイスガイ！」と登場しています。**가**や**이**は話の主語や、イラストのように誰も知らない新情報を話すときに使います。キムチ（**김치**）のように最後にパッチムがない名詞には**가**、ビビンバ（**비빔밥**）のようにパッチムで終わる名詞には**이**を使います。

例文　🔊 104

최애가 일본에 와요.
チュエ エ ガ イルボ ネ ワ ヨ
→ 推しが日本に来ます。

사촌이 왔어요.
サ チョニ ワッソ ヨ
→ いとこが来ました。

 こんぶPOINT

日本語では「これは何ですか？」と言うとき、韓国語では「これが何ですか？」と「～が」を使って疑問形にすることが多いです。

文法 105　　　　　　　　　　　　動作の目的や対象を表す

를/을
ルル/ウル　　　　～を

涙をうるる、うる

キムチとビビンバが涙を流しながら、うるる、うると泣いています。를や을は動作の目的を表します。そのため、後ろに動詞がきます。キムチ（**김치**）のように最後にパッチムがない名詞には를、ビビンバ（**비빔밥**）のようにパッチムで終わる名詞には을を使います。

例文　　🔊 105

편의점에서 물티슈를 사요.
ピョニジョメソ　ムルティシュルル　サヨ
→ コンビニでウエットティッシュを買います。

공항에서 환전을 해요.
コンハンエソ　ファンジョヌル　ヘヨ
→ 空港で両替をします。

 こんぶPOINT

를も을もパッチムの発音が難しいですが、韓国の幼い子は를は「ルゥ～」을は「ウゥ～」と発音します。真似ると意外にうまく聞こえます。

文法 106　　　　　　　　　　　　　　　　　　　手段、道具、材料

로/으로
ロ/ウロ

〜で

ネットで売ろ、売ろ

キムチとビビンバが商品をネットで売ろうとしています。手段は**로**や**으로**を使い、他に道具や材料の意味もあります。キムチ（**김치**）のように最後にパッチムがない名詞には**로**、ビビンバ（**비빔밥**）のようにパッチムで終わる名詞には**으로**を使います。

例文　　　　　　　　　　🔊 106

비행기로 제주도에 가요. ピヘンギロ チェジュド エ カヨ ➜ 飛行機で済州島に行きます。	**콩으로 된장을 만들어요.** コン ウ ロ トェンジャンウル マンドゥロ ヨ ➜ 豆で味噌を作ります。

こんぶPOINT

ㄹパッチムで終わる名詞の場合、例外のルールで**으로**ではなく**로**を使います。たとえば「馬で行く=**말로 가다**」のようにです。

文法 107　　　　　　　　　　　　　　　方向や経路を表す

로/으로

ロ/ウロ

〜へ

日本へ行って売ろ、売ろ

キムチとビビンバが商品を海外へ行って売ろうとしています。**로**や**으로**は方向や経路を表し「〜に＝〜에」(P236)と言い換え可能な文も多いです。キムチ（**김치**）のように最後にパッチムがない名詞には**로**、ビビンバ（**비빔밥**）のようにパッチムで終わる名詞には**으로**を使います。

例文　　　🔊 107

대학생이 되면 도시로 가요.	오른쪽으로 가면 화장실이 있어요.
テ ハクセンイ トェミョン トシロ カヨ	オルンチョグロ カミョン ファジャンシリ イッソヨ
➡ 大学生になったら都会へ行きます。	➡ 右へ行くとトイレがあります。

 こんぶPOINT

ㄹパッチムで終わる名詞の場合、例外のルールで**으로**ではなく**로**を使います。たとえば「ソウルへ行く＝**서울로 가다**」のようにです。

文法 108　　　　　　　　　　　　２つ以上の人や物を繋ぐ

랑/이랑
ラン/イラン

~と

キムチとビビンバはいらん、いらん

「キムチとビビンバはもういらん」と言われ２人はクビに……。商品が売れなかったようです。２つ以上の名詞をつなぐときに**랑**や**이랑**を使います。キムチ（**김치**）のように最後にパッチムがない名詞には**랑**、ビビンバ（**비빔밥**）のようにパッチムで終わる名詞には**이랑**を使います。

例文　　🔊 108

나랑 같이 밥 먹자.
ナラン　カチ　パム　モクチャ
→ 私と一緒にご飯食べよう。

지하철이랑 버스를 타요.
チハチョリラン　ポスルル　タヨ
→ 地下鉄とバスに乗ります。

 こんぶPOINT

「～と」には、他にも하고や와/과があります。会話では①랑/이랑、②하고、③와/과の順でよく使います。와/과は文章でよく使います。

文法 109　　　　　　　　　　　　　　　　　　　　　選択

나/이나
ナ/イナ

〜や

キムチ**や**ビビンバが**ないな〜**

「キムチやビビンバがないな〜」と言っています。スーパーのどこにもないようです。2人はクビになって、どこかへ行ったようです。キムチ（**김치**）のように最後にパッチムがない名詞には**나**、ビビンバ（**비빔밥**）のようにパッチムで終わる名詞には**이나**を使います。

例文　　　　　　　　🔊 109

녹차나 홍차도 있어요?
ノクチャナ ホンチャド イッソヨ
➔ 緑茶や紅茶もありますか？

유럽이나 미국에 가고 싶어요.
ユロビナ ミグゲ カゴ シポヨ
➔ ヨーロッパやアメリカに行きたいです。

 こんぶPOINT

나/이나には「100個も?=100개나?」と、量が予想より多いときにも使われますが、まずは選択の「〜や」から覚えましょう！

文法 110　　　　　　　　　最善ではないが悪くはない選択

라도/이라도　～でも
ラド/イラド

ラードでもいかがですか?

キムチとビビンバがラーメン屋を新しく始めたようです。味が薄いと言う客にラードでもとすすめています。最善ではないが悪くもない意味です。キムチ（**김치**）のように最後にパッチムがない名詞には**라도**、ビビンバ（**비빔밥**）のようにパッチムで終わる名詞には**이라도**を使います。

例文　🔊 110

커피라도 마실래요?
コピラド　マシルレヨ
→ コーヒーでも飲みませんか?

내일은 쇼핑이라도 할까요?
ネイルン　ショピンイラド　ハルカヨ
→ 明日は買い物でもしましょうか?

 こんぶPOINT

라도/이라도には「～でも」という意味もありますが、他にすることがないからこれでもする? と言うときに使います。

文法 111　　　　　　　　　　　　行動を及ぼす対象を表す

한테
ハンテ

〜に

友だちにはんてん

韓国の冬は寒いので、韓国人の友だちに日本のはんてんをプレゼントしました。とても喜んでくれたようです。人や動物に対する「〜に」は한테を使います。

※このページからはキムチとビビンバが出てきません。つまり名詞の最後の文字のパッチム有無に関係なく使えます。

例文　　111

오빠한테 선물을 줬어요.
オッパハンテ　ソンムルル　チュオッソヨ

→ お兄ちゃんにプレゼントをあげました。

こんぶPOINT

한테は会話でよく使われます。에게は文章でよく使われますが、会話でも使われます。迷うときは、会話なら한테を使いましょう。

文法 112 　　　　　　　　　行動を起こす対象を表す

한테서
ハンテソ

〜から

友だちからはんてんとソックス

韓国人の友だちからお返しのプレゼントが返ってきました。韓国のはんてんに似た上着とソックスです。さすが寒さの厳しい冬を経験する韓国人はソックスも！人や動物から何かをされて「〜から」というとき**한테서**を使います。ちなみに、韓国の道端ではよくソックスが売られています。

例文 ◀) 112

친구한테서 전화가 왔어요.
チング ハンテ ソ チョヌァガ ワッソ ヨ

→ 友だちから電話が来ました。

こんぶPOINT

에게서も「〜から」という意味ですが、これは文章でよく使われます。会話であれば**한테서**を使っておけば大丈夫です。

文法 113　　　　　　　　　　　存在している場所や時間

에
エ　　　　　　　　～に

カフェに絵

韓国のカフェに行ったら、すてきな絵が飾ってありました。韓国のカフェはおしゃれでインテリアも工夫されています。カフェに絵が飾ってあることもよくあります。ちなみに韓国のカフェは約10万店舗。日本のカフェ約6万店舗に比べてはるかに多いです。

例文　🔊 113

지금 식당에 있어요.
チグム シクタン エ　イッソヨ
→ 今、食堂にいます。

 こんぶPOINT

에は場所の後ろにつけて使いますが、時間にも使えます。時間の場合は、「3時に=3시에」「週末に=주말에」と使います。

文法 114　　　　　　　　　　　　　行動が起きている場所

에서
エソ

~で

カフェでエスプレッソ

韓国のカフェでエスプレッソを頼んでしまい、仕方なくがんばって飲んでいるところです。ハングルが読めず、一番安くてメニューの上にあるものを頼んだら、エスプレッソだったという日本人観光客の実話です。ちなみに、エスプレッソは**에스프레소**です。

例文　◀)) 114

부산에서 회를 먹어요.
プサネソ　フェルル　モゴヨ

→ プサンで刺身を食べます。

こんぶPOINT

에서は行動が起きている場所を表し、位置、方向、地名、建物などの場所を表す単語の後ろにつけます。時間には使いません。

文法 115　　　　　　　　　　　　　　　場所の起点を表す

에서
エソ

〜から

カフェからエスプレッソ

エスプレッソを頼んだものの苦くて全部飲めず、カフェから出てきた手には余ったエスプレッソが……。에서はある場所の出発点を表すときに使います。場所を表す「〜で=에서」（P237）と全く同じ発音ですが、文脈で「〜から」なのか「〜で」なのか判断します。

例文　115

저는 도쿄에서 왔어요.
チョヌン　トキョエソ　ワッソヨ
→ 私は東京から来ました。

こんぶPOINT

「カフェから」などの場所の起点には에서、「3時から」などの時間の起点にはP239の부터を使います。ただし例外もあります。

文法 116 時間の起点を表す

부터
ブト

〜から

3時からブドウを食べる

3時のおやつの時間になったので、大好きなブドウを食べています。「3時から」「明日から」など時間の始まりを表す「〜から」は**부터**を使います。時間の終わりを表す「〜まで」の**까지**（P240）とセットで覚えましょう。「ブドウを食べて、家事をする」で**부터**と**까지**です。

例文 116

내일부터 연휴예요.
ネイルプト ヨニュエヨ

→ 明日から連休です。

こんぶPOINT

発音はブドウの「ド」を「ト」に変えて「ブト」と発音します。時々、時間の始まりに**부터**ではなくP238の**에서**を使うこともあります。

文法 117　　　　　　　　　　時間や場所の終点を表す

까지
カジ

〜まで

6時まで家事

3時からブドウを食べて、6時まで家事をしました。時間の終わりを表す「〜まで」は**까지**です。「6時まで」などの時刻だけでなく、「明日まで」「合格するまで」などの時間の表現の後に使えます。また、場所にも使え「ソウルまで」というときにも使えます。

例文　🔊 117

아침까지 공부해요.
アチムカジ　コンブヘヨ
→ 朝まで勉強します。

 こんぶPOINT

時間の始まりと終わりは**부터**(P239)と**까지**をセットにして覚えましょう。場所の始まりと終わりは**에서**と**까지**をセットで覚えましょう！

文法 118　　　　　　　　　　　　　　　　　　　限定

만
マン

〜だけ

男湯はマン、女湯はウーマンだけ

韓国の銭湯にきました。男湯は当然ですが、マン（man）だけ。そして女湯はウーマン（woman）だけです。만というのは英語のオンリー（only）の意味で、何かを限定することです。ちなみに、韓国のサウナ（汗蒸幕(ハンジュンマク)）は男女が一緒に入れます。

例文　🔊 118

하나만 주세요.
ハ ナ マン ジュ セ ヨ
→ 1つだけください。

 こんぶPOINT

뿐も「だけ」という意味で似ていますが、愛しているのは「君だけだ=너뿐이다」というように、文の最後に使われることが多いです。

文法 119　　　　　　　　　　　限度や範囲の外を表す

밖에
バッケ

～しか

おばけしかいない

お化け屋敷にでもきたのでしょうか。お化けしかいないですね。この**밖에**は自分の思っていることが少ないというときに使います。残り時間が10分しかないと思うのか、10分もあると思うのか、人の捉え方によって違いますよね。**밖에**の後ろは否定表現がきます。

例文　◀))119

나한테는 너밖에 없어.
ナ ハンテヌン ノ バッケ オプソ

➡ 僕には君しかいない。

こんぶPOINT

밖에を発音どおりに書くと、[바께] となります。お化けが出てきてびっくりしたように、「ばけ」を「ばっけ」というと自然です。

242

文法 120　　　　　　　　　　　　　　　付加表現

도
ド　　　　　　　　〜も

彼も彼女も堂々としている

韓国人って彼も、彼女もみんな堂々として見えます。こういうときの「〜も」は**도**です。ちなみに、韓国では保育園や小学生のときから、自己紹介や特技披露など自己アピールを学びます。だからいつも堂々としているのかも?!　あなたも堂々と**도**を使ってみましょう!

例文　🔊 120

저도 같은 거 주세요.
チョド　カトゥン　ゴ　チュセヨ
→ 私も同じのください。

 こんぶPOINT

「100個もあるの?=100개나 있어?」など量が自分の予想より多いときの「〜も」は**도**ではなく、**나/이나**(P232)を使います。

文法 121　　　　　　　　　　　　　　　　　　　　　所有

의
ウィ/エ　　　　　　～の

私のウイスキー、え?!

お酒なんて飲まないような人が、「これ私のウイスキーよ」と言っているので、周りが「え?!」とびっくりしています。名詞と名詞をつなぐ「～の」は의ですが、発音が2つあります。ひとつは「ウィ」、もうひとつは「エ」です。会話では発音が簡単な「エ」をよく使います。

例文　🔊 121

'너의 이름은.'을 봤어요.
ノェ イルムン ウル ボァッソ ヨ
→『君の名は。』を見ました。

🍵 こんぶPOINT
韓国語では「～の」を意味する의は省略することが多いです。また、会話では［에］（エ）と発音します。

文法 122　　　　　　　　　　　　　　　　　　　　　　　　比較

보다
ボダ

〜より

ボーダーより水玉が好き

韓国でショッピングをしていますが、ボーダーより水玉が好きなようです。**보다**というのは何かを比較するときの「〜より」という意味で、名詞のすぐ後にきます。発音は少し短めに「ボダ」というと自然です。名詞のすぐ後にきますが、助詞なので分かち書きをせずくっつけて書きます。

例文　◀))122

일본보다 한국이 더 추워요.
イルボン ボダ　ハングギ　ト　チュウォヨ
→ 日本より韓国がもっと寒いです。

 こんぶPOINT

「見る」も보다ですが봐요や보고など形が変わって出てくることが多いです。名詞について보다のままの形は比較の意味と思いましょう。

第3章

副詞・接続詞

文法 123 ｜ 副詞　　　　　　　　　　　　　　頻繁な頻度を表す

항상
ハンサン

いつも、常に

いつもハングルさん

いつも韓国語が上手な彼女の肩にはハングルさんがいる?!　テストでこっそり答えを教えてくれたり、韓国人と話すときも耳元で韓国語を教えてくれたり、いつもハングルさんが一緒だったら……いいですよね。漢字で「恒常」と書いて**항상**です。

例文　🔊 123

그 아이는 항상 울어요.
ク　アイヌン　ハンサン　ウロヨ

→ その子どもはいつも泣きます。

こんぶPOINT

항상と늘（P249）の違いは、항상は習慣的にいつも繰り返しているイメージ、늘は変わらず、ずっと続いているというイメージです。

文法 124 | 副詞　　　　　　　　　　　頻繁な頻度を表す

늘
ヌル

ずっと、いつも

ずっと塗る

韓国人の彼氏がずっと日焼け止めを塗っています。春でも夏でも紫外線があれば、ずっと塗っています。韓国人男性は日焼けした小麦色より、白い肌を好む傾向があるのかも？　韓国旅行ではずっと塗りながら늘を覚えましょう。

例文　🔊 124

늘 감사합니다.
ヌル　カム サ ハム ニ ダ
→ いつもありがとうございます。

こんぶPOINT

1文字の単語のㄹパッチムの発音が難しい場合は「ヌゥ」と発音してみてください。韓国の子どもも最初はそんなふうに発音します。

文法 125 | 副詞　　　　　　　　　　　少なめの頻度を表す

가끔
カックム

時々、たまに

時々カックン

年を取ると時々、足がカックンとなることないですか？ 毎回ではなく、時々カックンとなれば、それは「**가끔**=時々」です。カックンの頻度が多くなれば「**자주**=しょっちゅう」なので病院へ。「カックン」の「ン」は痛みで唇を閉じるようなイメージで。

例文 🔊 125

가끔 매운 음식을 먹어요.
カックム メウン ウムシグル モゴヨ
→ 時々、辛い食べ物を食べます。

 こんぶPOINT

「時々」には**때때로**もありますが硬い表現なので、会話では**가끔**をよく使います。**종종**（P251）は**가끔**よりやや頻度が高いです。

文法 126 ｜ 副詞　　　　時間や空間の間隔を表す

종종
チョンジョン

時々、しばしば

時々ジョン、ジョンが来る

時々、庭にジョンという野良犬が遊びに来るようです。ジョン、ジョンと2回呼べばしばしば近づいて来てくれます。ただ、**가끔**より頻度が高いので、よく遊びに来てくれる犬なのかもしれません。1回呼んだだけでは来てくれませんよ。

例文　🔊 126

우리 종종 만나요.
ウリ チョンジョン マンナ ヨ
→ 私たち時々会いましょう。

 こんぶPOINT

カタカナの読みは「チョンジョン」ですが、語頭も「ジョン」と発音した方が母音のㅗがきれいに聞こえます。

文法 127 | 副詞　　　　　　　　　近い過去の時点

방금
パングム

たった今、ついさっき

たった今 パン食う

たった今、窯から出てきた焼きたてのパンです。あまりにもおいしそうなのでつい食べてしまいました。**방금**の発音は最後に、パン屋さんに見つからないように唇を閉じるとパッチムがきれいに聞こえます。あ、お金は払ってくださいね。

例文　🔊 127

오빠는 방금 회사에 갔어요.
オッパヌン パングム フェサエ カッソヨ

→ お兄ちゃんはたった今、会社に行きました。

 こんぶPOINT

방금と**금방**(P253)は発音が似ていて間違えやすいですが、**방금**は過去、**금방**は未来の時点を表します。パンは過去、今晩は未来！

文法 128 | 副詞　　　　　　　　　　　　　　近い未来の時点

금방
クムバン

すぐに、まもなく

すぐにこんばんは

旦那さんから「すぐに家に帰るから！」と電話が入ったと思ったら、本当にすぐに帰ってきましたね。部下も一緒で、夕食を食べるようです。すぐに帰ってきても笑顔の奥さんは優しいですね。今晩、夫婦喧嘩にならないことを祈るばかりです。

例文　128

금방 갔다 올게.
クムバン　カッタ　オルケ
→ すぐに行ってくるから。

こんぶPOINT

「こんばんは」は何となくの音の響きを覚えるゴロです。**금방**と**방금**の頭文字と意味をセットにして覚えるのがコツです。

文法 129 ｜ 副詞　　　　　　　　　　　　　　　近い未来を表す

이따
イッタ

後で、のちほど

後でイッター

スネを角にぶつけてちょっとしてから、イッターと痛みが押し寄せてきました。こんな感じで、少し後でという意味は**이따**を使います。**가**をつけて**이따가**も同じ意味ですが「後でい**いたがる**」と覚えてみては？　**가**がつくと強調した意味になります。

例文　🔊 129

이따 전화할게요.
イッタ チョヌァハルケヨ
→ 後で電話しますね。

 こんぶPOINT

韓国人から「後で電話するね」と言われ、**이따**なら今日中に、**나중에**(P255)なら明日以降か、かかってこないこともあります。

文法 130 | 名詞　　　　　　　　曖昧な未来を表す

나중에
ナジュンエ

後で、後日、今度

後でうな重へ

お父さんと子どもがお昼に外食へ。うな重を見て「これ食べたい」という子どもに今日は親子丼にして、後でうな重へ行こうと言っています。このように、**나중에**はしばらく後や、はっきり約束できない「今度」という意味で使われます。

※品詞は名詞나중に에がついた形ですが、이따と使い方が似ているのでここに入れてあります。

例文 130

이 일은 나중에 하면 안 돼요?
イ　イルン　ナジュンエ　ハミョン　アン　ドェヨ

→ この仕事は後でやってはいけませんか?

こんぶPOINT

나중에は이따よりは遠く曖昧な未来を表します。10時間後になるのか、翌日になるのかわかりませんが이따よりは遅い時点です。

文法 131 ｜ 副詞　　　　　　　　　　数や分量の程度が多い

많이
マニ

たくさん、とても

たくさんはmany

英語の時間に「many」を習っています。韓国語も勉強中の彼女は、韓国語の「많이=たくさん」に似ていると驚きつつ喜んでいます。manyを「メニー」ではなく、「マニ」と読めば、英語圏の人には通じなくても韓国人には通じます。

例文 131

떡볶이 많이 주세요.
トッポッキ マニ チュセヨ
→ トッポギたくさんください。

こんぶPOINT
見える量が多いという意味だけでなく「많이 사랑해요=とても愛してます」というふうに「とても」という意味でも使います。

文法 132 │ 副詞　　　　　　　数や分量の程度が多い

엄청
オムチョン

めっちゃ、すごく

めっちゃオウム調

友だちがめっちゃオウム調……。オウムのような声でオウムのように話す、ちょっと不思議ちゃん。韓国人は**엄청**を多用しますが、言い換え可能な「**아주**=とても」や「**정말**=本当に」「**진짜**=本当に」なども混ぜればオウム調になりすぎません。

例文　◀) 132

한국 드라마는 엄청 재미있어요.
ハングク トゥラマヌン オムチョン チェミ イッソヨ

→ 韓国ドラマはめっちゃおもしろいです。

こんぶPOINT

辞書には「はなはだしく」とも出てきますが、そこまで堅苦しくなく日本語の「めっちゃ」に似たニュアンスで気軽に使われます。

文法 133 ｜ 副詞　　　　　　　　　　　　　　　　完全な否定

전혀
チョニョ

全然、全く

全然超能力じゃない

親子でマジックショーを見ています。テーブルが浮くのを見て隣では子どもが無邪気に「ちょ〜にょ〜りょく」と言っていますが、お母さんは全然超能力じゃないと全否定しています。みなさんもかわいく「ちょ〜にょ〜」で覚えてください。

例文　🔊 133

한국어는 전혀 못해요.
ハング ゴヌン チョニョ モテヨ

→ 韓国語は全くできません。

 こんぶPOINT

전혀の後は原則的に否定表現がきます。最近では肯定表現がくることもありますが、基本的には否定表現と覚えましょう。

文法 134 ｜ 副詞　　　　　　　　　　　　　　　　　　全面的な否定

아예
アイェ

全く、そもそも最初から

全く気にせずあ、イェー！

人々が全く何も気にせず「あ、イェー！」とノリノリで街へ繰り出しています。周りの目なんて全く気にしていません。**전혀**が100%の否定なら、**아예**は120%くらいの否定で、「本当に全くそうじゃない」という全面的な否定の感じです。

例文 134

한글은 아예 못 써요.
ハングルン　アイェ　モッ　ソヨ
→ ハングルは全く書けません。

こんぶPOINT

아예の後は否定表現が続きます。ただ「そもそも最初から」という意味のときは、肯定表現がくることもあります。

文法 135 ｜ 副詞　　　　　　　　　　　100％に近い程度を表す

거의
コイ

ほとんど、ほぼ

ほとんど恋

推しができたようです。毎日テレビや動画で推しをチェック！ それはもう、ほとんど恋。100％ではないけれど、限りなく100％に近い程度を表します。거의は会話でよく使われ柔らかく、**대부분**(P261)は漢字語なので少し硬く感じる言葉です。

例文　🔊 135

음식이 거의 없어요.
ウムシギ　コイ　オプソヨ
→ 食べ物がほとんどありません。

こんぶPOINT

의は「ウィ」という発音ですが、語中にくると「イ」と発音されるので「거의」は「コイ」になります。

文法 136 ｜ 副詞　　　　　　　　100％に近い程度を表す

대부분
テブブン

ほとんど、大半

ほとんどでんぷん

ジャガイモをすりおろしていますが、ほとんどでんぷんです。**대부분**は「半分をはるかに超えた全体量にほぼ近い程度の量」を表し、漢字で「大部分」と書きます。ゴロのように語頭を「デ」にした方が通じやすいです。

例文　🔊 136

도서관 책은 대부분 읽었어요.
ト ソグァン チェグン テブブン イルゴッソヨ

→ 図書館の本はほとんど読みました。

 こんぶPOINT

대부분と거의はほぼ同じ意味ですが、대부분は名詞の意味もあり「ほとんどの人＝대부분의 사람」のように의でつなげられます。

文法 137 | 副詞　　　すでに終わっていることを表す

이미
イミ

もう、すでに

もう意味はわかる

日本人が一生懸命韓国語を勉強し、韓国人の友だちが話しかけても、「もう意味はわかるよ！」と言っています。このゴロをここで覚えた時点で、이미の意味はもう覚えましたよね？　つまり、今より前の時点ですでに終わっていることを表します。

例文 137

친구는 이미 집에 갔어요.
チング ヌン イ ミ チ ベ カッソ ヨ
→ 友だちはもう家に帰りました。

こんぶPOINT

벌써（P263）と比べて이미は単純に物事が完了したというニュアンスが強いです。

文法 138 | 副詞　　　すでに終わっていることを表す

벌써
ポルソ

すでに、もう、とっくに

すでにポルシェは外

ポルシェは速くてかっこいい高級車ですね。買う人もお金持ちで、即買いする人もいそう。買った友だちについて行ったら、すでにポルシェは外に!? 思ったより早いときに**벌써**を使いますが、まずはポルシェのポルを思い出してみてください。

例文 ◀)) 138

아직 4(네)신데 벌써 일어났어?
アジク　ネ シンデ　ポルソ　イロナッソ

→ まだ4時なのに、もう起きたの?

こんぶPOINT

이미との違いは、벌써は「思ったより早く」という意味や「とっくに」という驚きなどの感情が含まれていることです。

文法 139 ｜ 副詞　　　　　　　　　　　　　　順序を表す

우선
ウソン

まず、とりあえず

まずうっそ～ん

人には口癖がありますが、この友だちはまず「うっそ～ん」から話が始まります。**우선**が覚えられないときは、彼女のように「うっそ～ん」で会話を始めてみては？　日本人にはややどん引きでも、韓国人からは順序立てた話し方と褒められるかも？

例文　🔊 139

우선 체크인부터 하자.
ウソン チェクインブト ハジャ
→ まず、チェックインからしよう。

こんぶPOINT

漢字で「優先」と書き、少し硬い言葉なのでカチッと「ウソン」と発音することで、みんなが耳を傾けてくれるはずです。

文法 140 ｜ 副詞　　　　　　　　　　　　　　　順序を表す

먼저
モンジョ

先に

先にもんじゃ

友だちとお好み焼き屋さんに行きました。もんじゃ焼きも売っていたので、お好み焼きと両方注文した場合、どちらを先に焼きますか？　韓国語を覚えるためには、先にもんじゃです！「もんじゃ」の「じゃ」を上手に「じょ」にすれば完璧！

例文　◀)) 140

저는 먼저 가 볼게요.
チョヌン　モンジョ　カ　ボルケヨ

→ 私はお先に失礼します。

こんぶPOINT

먼저は우선に比べて、何かをする順番や手順があって、その中で一番最初にするという意味合いが強いです。

文法 141 │ 副詞　　　　　　　　　　　程度の強さを表す

더
ト

もっと、より多く

もっとトウガラシ

韓国人の女の子が辛いチゲを注文して、お店の人に「もっとトウガラシください！」と言っています。辛い物が大好きなようです。韓国人の「もっと」といえば「トウガラシ」の「ト」と覚えましょう！

例文 ◀) 141

반찬 더 주세요.
パンチャン　ト　チュセヨ
→ おかずもっとください。

こんぶPOINT
韓国では無料でおかずのおかわりができます。おかずのお皿を指さして「더 주세요＝もっとください」と言えばもっともらえます。

文法 **142** ｜ 副詞　　　　　　　　　　　　　程度の弱さを表す

덜
トル

少なめに、より少なく

辛さを少なめにするために取る

韓国料理を注文したらトウガラシだらけ!!　辛さを少なめにするには、トウガラシを取るしかないですよね。取るという行為は何かを少なめにすること。韓国人も辛い物が苦手な人はいて、注文するときに辛さを抑えてもらうように言います。

例文　◀) 142

덜 맵게 해 주세요.
トル メプケ ヘ ジュセヨ

→ 少なめに辛くしてください（辛さを控えめにしてください）。

こんぶPOINT

日本語にはない表現ですが、덜は더の反対の言葉と思えば感覚がつかみやすいです。難しい場合は、例文だけでも覚えましょう。

文法 143 ｜ 副詞　　　　　　　　　　　時間の継続性を表す

계속
ケソㇰ

ずっと

ずっと継続

韓国語をずっと継続して勉強しています。ずっと継続すれば汗も出ますよね。努力の証の「けーぞく」の点々の汗を拭って「けーそく」にすれば、**계속**に発音が似てきます。汗を拭き続ければ韓国語マスターの日も近いです。継続は力なり！

例文　🔊 143

팬미에서 계속 최애만 봤어요.
ペンミ エソ ケソㇰ チュェエマン ボァッソ ヨ

→ ファンミで、ずっと推しだけ見ました。

こんぶPOINT

계속は漢字で「継続」です。쭉(P269)と言い換え可能なことも多いですが、**계속**は何かを繰り返しずっと続けるというニュアンス。

文法 144 ｜ 副詞　　　　　　　　　　動作の継続性を表す

쭉
チュク

ずっと、まっすぐ

ずっとチュー

男の子と女の子がずっとチューをしています。쭉というのはある時間内にある動作がずっと続いていることを表します。もし、ここで계속を使うと、同じ時間内に何度もチューを繰り返しているイメージになります。チューの後は、ククと笑顔で。

例文　◀) 144

이 길을 쭉 가면 역이 있어요.
イ　キルル　チュク　カミョン　ヨギ　イッソヨ

→ この道をずっと行くと、駅があります。

こんぶPOINT
쭉は本来、列などが「まっすぐ」続いている様子のこと。そのため、動作が切れずにまっすぐ続いているというニュアンスです。

第3章　副詞・接続詞

文法 145 | 副詞　　　　　　　　　時間の長さを表す

오래
オレ

長い間、長らく

俺は長い間旅に出る

俺は長い間、旅に出ると言って出かけて行きました。俺と言うだけに若い男性の自分探しの旅かもしれませんね。すぐには終わらない長い時間には**오래**を使います。韓国語の挨拶「**오래간만이에요**＝久しぶりです」の**오래**と同じです。

例文　🔊 145

저는 서울에 오래 살고 있어요.
チョヌン ソウレ オレ サルゴ イッソヨ
→ 私はソウルに長い間住んでいます。

 こんぶPOINT

「**오랫동안**」も「長い間」という意味でよく使われます。동안が「間」という意味なので、**오래**より期間を強調した表現です。

270

文法 146 ｜ 副詞　　　　　　　　　時間の短さを表す

잠깐
チャムカン

ちょっと、少々、しばらく

チャッカマンはちょっと待って

韓国の焼肉屋さんで店員さんが、チャッカマンと叫びながらテーブルを回っています。鉄板に火をつけるため、チャッカマンに発音の似た「**잠깐만**=ちょっと待って」と言っているんですね。**잠깐**は、「ちょっと」という短い時間を意味します。

例文　🔊 146

잠깐 화장실 갔다 올게.
チャムカン　ファジャンシル　カッタ　オルケ
→ ちょっとトイレ行ってくるね。

 こんぶPOINT

잠깐만の만は「〜だけ」という意味です。直訳すると「ちょっとだけ」の意味ですが、「ちょっと待って」の意味でも使います。

文法 147 │ 副詞　　　　追加、繰り返しを表す

또
ト

また、さらに

またトマト

また、トットットット、トマト〜?!　おばあちゃんが田舎から送ってくれたトマトが食べきれないほどあります。毎日トマト、トマトで「また?」と言いたくなりますよね。トマトの「ト」を少し驚いたように「ット」と発音すれば、ばっちりです！

例文 ◀) 147

또 한국에 가요?
ト ハングゲ カヨ
→ また韓国に行くんですか?

こんぶPOINT
韓国語の挨拶で「또 만나요=また会いましょう」がありますが、この또が「また」という意味です。「또?=また?」もよく使います。

文法 148 | 副詞　　　繰り返し、間違いをやり直す

다시
タシ

もう一度、また、改めて

もう一度足し算

子どもが足し算を間違え、もう一度解き直しています。足し算の足しという発音は韓国語の**다시**とほぼ同じです。もう一度という意味で、또と言い換え可能な場面もありますが、**다시**は繰り返しや改めて間違えたものをやり直すときに使います。

例文　🔊 148

다시 한 번 말해 주세요.
タシ ハン ボン マレ ジュセヨ
→ もう一度言ってください。

こんぶPOINT

또と다시が一緒になって또다시という単語もあります。これは基本的には다시の意味で、다시を強調した言い方です。

文法 149 ｜ 副詞　　　　　　　　　　　　　　　　　　　　仮定

만약에
マニャゲ ｜ もし

もしマニア系だったら……

入ろうとしている新しいお店が、もしマニア系のお店だったらどうしようとためらっています。お店の雰囲気に自分が合わなかったらと躊躇しているんですね。もし、と仮定するときは**만약에**です。英語のifにあたるとてもよく使う表現です。

例文　🔊 149

만약에 내가 너라면…
マニャゲ ネガ ノラミョン

→ もし、僕が君なら……

 こんぶPOINT

에を取って、**만약**だけでも使いますが、**만약에**の方が強調した言い方です。**만약에**の方が発音しやすく通じやすいです。

文法 150 ｜ 副詞　　　　　　　　　　推測や可能性

혹시
ホゥシ

ひょっとして

ひょっとしてほしい？

女の子が飴を見つめているので「ひょっとして」と思い飴をあげています。**혹시**は「ひょっとして」と考えて尋ねるときに使います。これを推測といい、韓国人が**혹시**をよく使うのは、先回りして考えているんですね。

例文 150

혹시 한국 분이세요?
ホゥシ　ハングゥ　ブニセヨ
→ ひょっとして韓国の方ですか？

 こんぶPOINT

혹시と似た意味の**만약에**（P274）は「もしかして」という意味で、推測ではなく、まだ起こっていない仮定を表します。

文法 151 | 副詞 　　　　　　程度の適正や限定を表す

딱
タク

ちょうど、ぴったり

ちょうどいいところをたたく

子どもがお母さんに肩たたきをしています。ちょどいいところを叩いてくれ、お母さんは気持ちよさそうです。こんなふうに「ぴったりそこ！」と言うときに딱を使います。場所や時間にも使え、「딱 12시=ちょうど12時」など日常的によく使います。

例文 ◀) 151

지금 딱 생각났어요.
チグム タク センガン ナッソ ヨ
→ 今ちょうど思い出しました。

こんぶPOINT

英語のjustに似た言葉です。日本語でも「ジャスト」ということありますよね。そんな場面で、딱を使えばまさに딱です！

文法 152 | 副詞　　　　　全体のおおよその程度を表す

대충
テチュン

だいたい、適当に

だいたいでちゅう

小さな子どもがおままごとをしています。お料理をしているようですが、子どもなので全てだいたいの量で「でちゅう」を連発しています。まだ小さいのに韓国語が上手ですね。**대충**というのはだいたいとか、適当という意味だからです。

例文 🔊 152

대충 얼마정도 해요?
テチュン オルマジョンド ヘヨ

→ だいたいどれくらい（の値段）しますか？

 こんぶPOINT

大人は正確さを求めがちですが、子どもに戻った気持ちで**대충**を覚えましょう。ただ、「でちゅん」にすればより正確な発音です。

文法 153 ｜ 副詞　　　　　　　　事柄が起こる前を表す

미리
ミリ

前もって、あらかじめ

前もってミリ単位で決める

二重整形を考えているようです。前もってミリ単位で確認しています。前もって何かをするには、細かく決める必要がありますね。家具や洋服を買うときなどです。ちなみに韓国では靴のサイズをミリ単位で表します。23センチなら230ミリです。

例文 ◀) 153

숙제는 미리 해야 돼요.
スクチェヌン　ミリ　ヘヤ　ドェヨ
→ 宿題は前もってしなければいけません。

こんぶPOINT
미리미리と2回続けて言うこともあります。미리は「前から」とも訳せ、미리미리は「前々から」と強調した言い方です。

文法 154 | 副詞　　　　　　　　　　　状態の未完や持続

아직

アジㇰ

まだ

まだアジは焼けてない

お父さんがアジの干物を焼いています。隣で子どもがまだかなと待っています。アジの匂いは、まだかなと思わせる匂いですよね。お父さんはきっと「まだ焼けてないよ」というはずで、**아직**の後ろは「焼けてない」のような否定表現がきます。

例文 154

아직 한국에 가 본 적이 없어요.
アジㇰ ハングゲ カ ボン ジョギ オプソヨ
→ まだ韓国に行ったことがありません。

こんぶPOINT

아직에 도がついて「아직도」になると、아직を強調した意味になりますが、「いまだに」と訳すと理解がしやすくなります。

文法 155 | 接続詞　　　　　　　　　　　　　　　逆接

근데
クンデ

でも

腕組んで、でも友だち

韓国人は大人になっても女同士、男同士などで腕を組みます。でも、友だちです。仲がいいとスキンシップが多くなり、自然と腕を組みます。でも〜と言わず、韓国人が腕を組んできたら仲良く組んで、コミュニケーションをとってみては?

例文　🔊 155

근데 나 내일 일이 있어.
クンデ ナ ネイル イリ イッソ
→ でも、私明日仕事があるの。

 こんぶPOINT

「でも」には**하지만**（P281）や**그러나**などもありますが、迷ったら会話でよく使われる**근데**を使いましょう。

文法 156 | 接続詞　　　　　　　　　　　　　　　　　　　逆接

하지만
ハジマン

だけど

だけど、母自慢

母親と家の中ではけんかをしていますが、外では母自慢！　韓国人は身内のことを周りの人に自慢することはよくあります。特に儒教の影響もあり、韓国人は両親を一番大事にしているので、けんかをしても母自慢は当たり前かもしれません。

例文 ◀) 156

하지만 난 싫어!
ハジマン ナン シロ

→ だけど、私は嫌！

こんぶPOINT

근데(P280)より少し硬い表現です。그러나は「しかし」という意味。会話では근데、하지만、그러나の順でよく使われます。

文法 157 ｜ 接続詞　　　　　　　原因や根拠の結果

그래서
クレソ

それで

それでくれそう?

推しグループのCDを買ったのですが、ランダムに入っている最推しのカードがありませんでした。友だちに聞いたら、知り合いが持っているとの情報！ それで「くれそう?」と聞いています。**그래서**の前に原因や根拠、後ろに結果がきます。

例文　🔊 157

그래서 넌 어떻게 해?
クレソ ノン オットケ ヘ
→ それで、君はどうするの?

こんぶPOINT

「だから」という意味の그러니까は그래서と使う状況が似ていますが、그러니까は主観的で、그래서がより客観的です。

文法 158 | 接続詞　　　　　　　　　　　　　連結や追加

그리고
クリゴ

そして

そして栗ごはん

秋の味覚といえば、サンマにマツタケ、そして栗ごはん！　**그리고**は単語や文章をつなげる言葉。韓国人は栗ごはんを食べていなくても、クリゴ、クリゴと言っています。それは次から次へと文章をつないでお喋りしているからなんです。

例文　🔊 158

그녀를 만났다. 그리고 사랑했다.
クニョルル　マンナッタ　クリゴ　サランヘッタ

→ 彼女に出会った。そして愛した。

 こんぶPOINT

「そして」以外にも「それと」「それから」などと言うときにも使えます。会話や文章などいつでも使える便利な接続詞です。

文法 159 ｜ 接続詞　　　　　　　　　　　理由や根拠を表す

그러니까
クロニッカ

だから

だから黒イカ

「何で君は黒イカになったの?」と聞かれ、黒イカになってしまった原因や理由を話しています。結果、最終的にだから自分は黒イカになったというとき、**그러니까**を使います。**그러니까**は「だからさぁ」という日本語にとても似たニュアンスです。

例文 🔊 159

그러니까 제가 말했잖아요.
クロニッカ チェガ マレッチャナヨ

➡ だから、私が言ったじゃないですか。

こんぶPOINT

그러니까に限らず**니까**が入ると自分の考えや主観が強くなります。客観的な理由や原因を表すときは**그래서**(P282)を使います。

文法 160 ｜ 接続詞　　条件や前提を受けての説明

그러면
クロミョン

それなら、それでは

それならグローバルなミョンドン（明洞）へ

初めてソウルに遊びに来ました。どこへ行こうかと観光案内所で聞いてみると、グローバルなミョンドンがおすすめとのこと。ミョンドン（明洞）というのは東京の原宿のような若者の街です。外国人観光客もたくさんいてグローバルですね。

例文 🔊 160

그러면 오늘은 쉬자.
クロミョン オヌルン シュィジャ

→ それなら今日は休もう。

こんぶPOINT

그럼という言葉も会話でよく出てきますが、これは그러면の短縮形です。日本語で「それなら」を「なら」というのに似ています。

おわりに

　こんぶパンの文法ゴロはいかがでしたか？

　こんぶパンが韓国に初めて留学した2002年、韓国語の本を1冊だけ持って行きました。それが文法の本でした。その当時、日本の書店では韓国語の本を見つけるのも難しく、ようやく見つけた1冊でした。
　でも、スマホもなくネットも普及途中の時代、この本だけでは答えがわからず、韓国人の中に飛び込んで韓国語を覚えていくしかありませんでした。

　そんなこんぶパンも文法がわかるようになるにつれて、むしろなかなか韓国語が口から出てこない時期がありました。正解がわかってくると間違いが怖くなるからです。そんなとき、いつも考えていたのが「自分の言葉は自分にしか話せない」でした。
　言葉がうまく話せなくても自分の伝えたい考えや気持ちは自分だけのもので、誰よりもうまく話せるのは自分です。だから自信をもって韓国語という言葉に乗せて相手に気持ちを伝えようと思っていました。

しかも、韓国人は「韓国語」を話していないと知っていましたか？
韓国人は韓国語のことを**한국어**（韓国語）ではなく**우리말**（私たちの
言葉）と言います。

この2つは同じようであって、ちょっと違います。

韓国現地で、外国人は韓国語のことを**한국어**と言いますが、彼らは
自分の国の言葉を**우리말**とは言いませんよね？

でも、外国人であるこんぶパンは韓国語を心の中では**우리말**だと
思って話しています。それは、**우리말**ということで韓国語を外国語で
はなく、自分の言葉だと思って話せるようになるからです。

もしも、文法を勉強して行く中で韓国語を話すのが怖くなったら、**우
리말**だと思って話してみてください。言葉は魔法です。

20年以上の時を経て、韓国人が私に一生懸命教えてくれた韓国語を
ゴロで楽しく勉強してもらえたら、これより幸せなことはありません。

日韓の友好と、未来の日韓の間で生きる息子と娘、そしてこの本を
手に取ってくださったみなさんに本書を贈ります。

2025年4月こんぶパン

こんぶパン

韓国在住歴20年のゴロエッセイスト。ゴロで覚えるオンライン韓国語教室「こんぶパン語学堂」代表。2014年昌信大学助教授、2015年釜山外国語大学助教授を経て、2017年独立。韓国語外国語大学韓国学科博士課程修了。高麗大学北朝鮮学科博士課程中退。韓国語能力試験（TOPIK）6級。2002年に書店に1冊だけあった韓国語の本を片手に韓国留学。2017年からゴロで簡単に韓国語を覚えるサイト「こんぶパン（konbupan.com）」を運営。趣味はテコンドーで4段。テコンドー部の部長である韓国人と結婚し、2児の母でもある。
著書に『イラストとゴロで覚える韓国語』『イラストとゴロで覚える韓国語 おかわり』（共にKADOKAWA）、共著に『マンガでカンタン！ ハングルは7日間でわかります。』（Gakken）がある。

Instagram　@konbupan

イラストとゴロで覚える韓国語　文法編

2025年5月2日　初版発行

著・イラスト／こんぶパン

発行者／山下　直久

発行／株式会社KADOKAWA
〒102-8177　東京都千代田区富士見2-13-3
電話　0570-002-301（ナビダイヤル）

印刷所／TOPPANクロレ株式会社

製本所／TOPPANクロレ株式会社

本書の無断複製（コピー、スキャン、デジタル化等）並びに
無断複製物の譲渡および配信は、著作権法上での例外を除き禁じられています。
また、本書を代行業者等の第三者に依頼して複製する行為は、
たとえ個人や家庭内での利用であっても一切認められておりません。

●お問い合わせ
https://www.kadokawa.co.jp/（「お問い合わせ」へお進みください）
※内容によっては、お答えできない場合があります。
※サポートは日本国内のみとさせていただきます。
※Japanese text only

定価はカバーに表示してあります。

©konbupan 2025　Printed in Japan
ISBN 978-4-04-607163-7　C2087